150 Dinge, die ein Mann können muss!

Der humorvolle Männer-Ratgeber – vom Grünschnabel zum Gentleman

Inhaltsverzeichnis

Vorwort

Manchmal muss ein Mann tun, was ein Mann tun muss! Aber was genau muss ein Mann denn tun (können)? Wann wird ein Mann zum Mann und ein Mann zum waschechten Gentleman? Bei dieser Frage haben sich schon viele Männer die Haare ausgerauft. Mit diesem kleinen, aber feinen Ratgeber hast du die perfekte Hilfestellung immer parat. Dabei haben wir uns auf einige grobe Themenkomplexe fokussiert.

Darunter liefern wir dir einige Tipps zum Thema Mädels, Frauen und Beziehung. Selbstverständlich dürfen auch ein paar Anstandsregeln nicht fehlen. Diese können dir bei der einen oder anderen Situation womöglich den Arsch retten (;

Natürlich gibt es auch einige Tipps zu Karriere und Finanzen. Aber auch das Handwerken und Haushalten soll nicht fehlen. Ebenso nehmen wir uns mal das Kochen zur Brust. Auch unsere Sport-Tipps kannst du dir gern zu Herzen nehmen. Die Pflege deines Körpers darf auch nicht zu kurz kommen. Das Auto und alles, was dazu gehört, bedeutet für viele junge Männer das Ticket zur Freiheit. Daher haben wir auch hier einige Tipps für dich. Du kannst dich außerdem auf viele weitere Anregungen freuen, die sowohl den Outdoor-Bereich abdecken als auch wesentliche Dinge wie das Geschenkeverpacken thematisieren.

Dir werden also zahlreiche Tipps, Tricks und Anleitungen zu allen nur erdenklichen Lebenslagen an die Hand gegeben. Die detaillierte Ausformulierung verwandelt dich Grünschnabel in Windeseile in einen Gentleman. Wir wünschen dir viel Spaß beim Lesen und hoffen, dass dir das eine oder andere Licht aufgeht (:

1. Wie du mit einem Mädchen redest, das du magst

Jaja, das andere Geschlecht. Unter euch Männern herrscht nicht selten ein etwas rauerer und derberer Umgangston. Schmutzige Witze und Anzüglichkeiten sind bei dir und deinen Kumpels an der Tagesordnung. Aber du kannst ja nicht nur unter Männern bleiben. Hin und wieder lockt das weibliche Geschlecht. Bei der Dame deines Herzens kannst du mit zotigen Sprüchen und einem zweideutigen Humor keinen Blumentopf gewinnen. Da musst du andere Kaliber auffahren. Das ist nicht so kompliziert, wie du zuerst denkst. Aber für die Herzdame solltest du schon etwas Anstrengung in Kauf nehmen.

Wenn du dich für das Mädchen interessierst, solltest du beim Gespräch nicht sofort mit der Tür ins Haus fallen. Taste dich langsam heran und beginne ein ganz harmloses Gespräch mit einfachen Gesprächsthemen. So könnt ihr euch beispielsweise über eure Hobbys und Interessen, eure Haustiere oder eure Familie unterhalten. Du hast die Lady gerade erst kennengelernt? Dann solltest du nicht zu viele private Details aus deinem Leben preisgeben. Informationen über deine sexuellen Vorlieben oder den Tod deiner Patentante solltest du zu Beginn lieber für dich behalten.

Handelt es sich bei deiner Gesprächspartnerin allerdings um eine langjährige Freundin und Vertraute, können auch solch sensible Themen angeschnitten werden. Nicht nur deine Worte, auch deine Mimik und Gestik spielen bei deinem Gespräch eine wichtige Rolle. Schau dein Gegenüber direkt an und lächle. Das lässt dich sympathisch wirken und verschafft dir Punkte.

Auch wenn du dich selbst für den Größten hältst und dein Leben ach so interessant ist, solltest du das nicht unbedingt sofort heraushängen lassen. Niemand mag Menschen, die permanent nur von sich erzählen. Zeig Interesse an ihr und ihrem Leben. Stelle ihr Fragen und lass sie erzählen. Frage sie nach ihren Hobbys und Interessen und lege Wert auf ihre Meinung zu bestimmten Dingen. Das Gespräch ist geglückt und der erste Grundstein ist gelegt. Jetzt nicht locker lassen. Verabschiede dich höflich, bedanke dich bei ihr für das angenehme Gespräch und schlage ein weiteres Treffen vor. Auf diese Art und Weise hinterlässt du einen bleibenden Eindruck und kannst auf ein baldiges Wiedersehen hoffen.

Nachfolgend geben wir dir eine kurze Zusammenfassung für ein wirkungsvolles Gespräch mit der holden Damenwelt:

- Nicht mit der Tür ins Haus fallen

- Vorsichtig mit unverfänglichen Gesprächsthemen (Hobbys, Arbeit, Familie) beginnen

- Verzichte zu Beginn auf private Details

- Achte auf deine Mimik und Gestik

- Zeige Interesse an deinem Gegenüber und rede nicht die ganze Zeit nur über dich

- Verabschiede dich höflich, danke für das angenehme Gespräch und schlage ein weiteres Treffen vor

2. Wie du ein Mädchen aufs erste Date einlädst

Die ersten Gespräche mit deinem Schwarm waren für dich sehr schön und interessant? Worauf wartest du dann noch? Lade die Dame auf ein Date ein. Obgleich die holde Weiblichkeit viel von Feminismus und Emanzipation spricht, mag sie „Männer der alten Schule" und möchte gerne auf ein Date eingeladen werden.

Wo darf es denn hingehen?

Du bist am Zug! Damit dein erstes Date auch ein Erfolg wird und noch viele weitere Treffen folgen, solltest du dir etwas überlegen, woran ihr beide Spaß habt. Ihr könnt ins Kino gehen, den neuen Italiener um die Ecke ausprobieren oder im Park spazieren gehen.

Versuche dich in Geduld!

Bei der Einladung solltest du geschickt vorgehen. Auf keinen Fall solltest du sofort mit der Tür ins Haus fallen. Beginne das Gespräch mit einem kleinen Smalltalk und lass dann ganz langsam und vorsichtig die Bombe platzen.

Sei ein Mann und lade sie ein!

Nähern wir uns jetzt dem Höhepunkt: der eigentlichen Bitte um ein Date. Das ist nicht ganz einfach. Du musst dabei keinen Roman vortragen. Ein kurzes, aber freundliches „Möchtest du vielleicht morgen mit mir einen Kaffee trinken gehen?" ist absolut ausreichend. Lege bitte bereits im Vorfeld einen genauen Treffpunkt sowie eine Uhrzeit fest.

Ja, nein, vielleicht

Was jetzt kommt, ist die peinliche Pause. Sollte sie dir im besten Fall das erwünschte „Ja" entgegenbringen, lass das Gespräch nicht sofort enden. Sag ihr, dass du dich sehr auf das Treffen freust.

3. Wie du einen Liebesbrief schreibst

Frauen wollen umworben werden und legen hin und wieder Wert auf die ganz großen Gefühle. Mit einer SMS kannst du da wenig ausrichten. Da muss es schon der ganz traditionelle Liebesbrief sein. Ein paar kleine Zeilen können viel bewirken. Aber auch ein Liebesbrief muss wohl überlegt sein. Schließlich soll er ja auch eine gewisse Wirkung haben.

- Sorge für die optimale Schreibatmosphäre

- Nimm dir ausreichend Zeit

- Mache dir deine Gefühle bewusst und verleihe ihnen Ausdruck

- Sei nicht sofort zu direkt

- Übertreibe es nicht

- Schreib keinen Roman

- Gestalte ihn persönlich

- Schreibe in deinen eigenen Worten

- Sprich sie gezielt an

- Sei ehrlich

- Vermeide kitschige und schwülstige Redefloskeln

4. Wie du deine Zeit zwischen Freundin und Kumpels aufteilst

Auch das Date hat geklappt und ihr seid seit ein paar Wochen unzertrennlich. Herzlichen Glückwunsch! Wir freuen uns für dich! Selbstverständlich möchtest du deine neue Liebe genießen und jede Minute mit deiner Angebeteten verbringen. Aber übertreibe es bitte nicht. So schön Liebe und Zweisamkeit auch sind, deine Kumpels spielen in deinem Leben auch noch eine Rolle. Vernachlässige sie nicht, nur weil du jetzt eine neue Beziehung hast. Es ist wichtig, dass du dir auch für deine Freunde noch genug Zeit nimmst. Deine Freundin wird das verstehen. Du kannst sie entweder deinen Freunden vorstellen und in deine Clique integrieren, damit ihr etwas zusammen machen könnt, oder du teilst die Zeit zwischen ihr und deinen Freunden genau auf. „Samstagmittag kann ich nicht, da geh ich kicken mit den Jungs!"

5. Wie du Frauen Komplimente machst

Frauen Komplimente machen ist wie Topfschlagen im Minenfeld. Das kann ganz schön nach hinten losgehen. Aber die holde Weiblichkeit hört sie eben doch so gerne. Jetzt musst du als Mann ganz tief in die Trickkiste greifen und all deinen Charme und deine Kreativität versprühen. Nimm auf keinen Fall etwas Altbekanntes und Abgedroschenes. Ein austauschbares oder einstudiertes Kompliment führt nur zu Streit und Ärger. Meistens kennst du die Frau ja bereits. Überlege ein bis zwei Minuten länger und wähle ein ganz individuelles Kompliment, welches die Stärken dieser Frau in deinen Augen unterstreicht. Das können zum Beispiel ihre schönen Haare oder ihr toughes Wesen sein. Sie soll merken, dass du dir dabei Gedanken gemacht hast.

Denke immer daran: Ein Kompliment ist ein Kompliment. Nichts anderes! Der nett gemeinte Spruch sollte genau das sein und auf keinen Fall als Einleitung für ein Schäferstündchen oder als Überleitung für einen Gefallen dienen. Achte auf den richtigen Zeitpunkt und lasse dir dabei auch gerne etwas Zeit. Ein kurzes Sprüchlein zwischen Tür und Angel wird dem Ganzen nicht gerecht. Auch wirken permanente Schmeicheleien eher aufgesetzt und schleimig. Setze lieber ein bis zwei Komplimente in entsprechenden Situationen ein. Das kann bei einer Begrüßung, während des Gesprächs oder in einer alltäglichen Situation sein. Sei dabei ehrlich, aufgeschlossen und übertreibe nicht. Das durchschauen Frauen sofort. Viel mehr Erfolg hast du, wenn du mit Humor, Witz und Schlagfertigkeit an die Sache herangehst.

6. Wie du einer Frau einen Handkuss gibst

Ein Gentleman knutscht nicht einfach so wild durch die Gegend und verteilt seinen Sabber. Ein Gentleman ist höflich, elegant und charmant. Er besticht durch ein galantes Wesen und vergibt hin und wieder auch Handküsse. Auch du kannst ein Meister der Handküsse werden. Wichtig dabei ist, dass du die Dame nie wirklich küsst. Ein Handkuss ist stets nur angedeutet. Der ideale Zeitpunkt für einen Handkuss ist die Begrüßung. Die edle Dame reicht dir ihre Hand. Statt diese Hand zu drücken, kannst du auch einmal etwas ganz Verwegenes wagen: Führe die Hand auf die Höhe deiner Brust, beuge dich leicht vor und deute einen Kuss auf die Hand an. Küssen verboten!

7. Wie du um die Hand deiner Auserwählten bittest

Du möchtest heiraten und sesshaft werden. Das ist doch schon einmal etwas sehr Schönes. Jetzt müssen nur noch deine Freundin und deren Eltern etwas von ihrem Glück erfahren. Wenn du stilvoll und galant sein möchtest, dann solltest du auch bei den Eltern der Braut um die Hand ihrer Tochter anhalten. Hierbei solltest du allerdings nicht mit der Tür ins Haus fallen. Frage zuerst deine Angebetete, ob sie dich auch wirklich heiraten will. Erst wenn ihr feste Pläne und vielleicht sogar schon einen genaueren Ablauf im Hinterkopf habt, kannst du den Schritt in die Höhle der Löwen wagen.

Gehe dabei mit Bedacht vor! Arrangiere ein Treffen und lege dir bereits ein Redekonzept zurecht. Das kann bei einem schönen Essen im Restaurant oder bei einer Einladung bei euch zu Hause stattfinden. Du wirst dafür eine ganze Portion Mut brauchen. Wähle deshalb einen Ort, an dem du dich wohlfühlst. Falle nicht sofort mit der Tür ins Haus. Beginne die frohe Kunde mit etwas Smalltalk. Unterhaltet euch über die Woche, die Familie oder den letzten Ausflug. Jetzt kannst du es nicht mehr länger hinauszögern! Lass die Bombe platzen! Bringe dein Gespräch auf dich und deine Liebste und erkläre dabei, dass du sie heiraten möchtest. Wenn du zu viel Bammel davor hast, kannst du die Szene auch gerne mit Freunden oder Bekannten durchgehen. Halte aber bitte keinen Monolog. Achte während des Gesprächs stets auf ihre Mimik und Gestik, achte auf ihre Emotionen und lasse auch Fragen zu. Nur so kann das Gespräch ein Erfolg werden.

8. Wie du dich gut mit deiner Schwiegermutter verstehst

Am Tag deiner Hochzeit hast du eine ganze Familie geheiratet. Neben deiner Frau gehören jetzt auch ihre Eltern mit zu deinem Clan. Für Frieden in der Familie ist es wichtig, dass man sich mit den Schwiegereltern gut versteht. Insbesondere um die Schwiegermutter solltest du dich bemühen. Mit ein paar kleinen Tricks und Kniffen lässt sich das Verhältnis zur Schwiegermutter problemlos verbessern.

- Etappenweise Vertrauen aufbauen

- Gute Balance zwischen Distanz und Nähe schaffen

- Hin und wieder etwas mit der Schwiegermutter unternehmen

- Ohne Vorurteile an die Schwiegermutter herangehen

- Offen und respektvoll mit der Schwiegermutter umgehen

- Im Notfall auch Grenzen setzen

- Konkurrenzkampf vermeiden

9. Wie du eine Massage gibst

Deine Partnerin kommt nach einem gestressten Arbeitstag nach Hause und ist einfach nur noch platt. Jetzt müssen Fußball und Kumpels warten. Jetzt hat die Frau Vorrang. Du als Mann hast die Pflicht, deine Liebste hin und wieder etwas zu verwöhnen. Wohl dem, der sich jetzt auf eine Rückenmassage versteht. Sorge für eine wohlige Atmosphäre, lege bereits ein paar flauschige Tücher bereit, bewaffne dich mit wohlriechenden Massageölen und dimme das Licht etwas. Wenn du möchtest, kannst du auch romantische Musik auflegen. Werde nicht sofort übergriffig! Es ist für euch beide schöner, wenn du dir mit der Massage etwas Zeit lässt. Frage sie erst nach ihrem Tag, beginne sie sanft zu streicheln und arbeite dich vorsichtig zu ihrem Rücken vor. Reibe deine Hände etwas mit dem Massageöl ein und streiche sanft über ihren Rücken. So wird die Muskulatur gelockert und eine entspannte Atmosphäre hervorgerufen. Besonderes Augenmerk solltest du dabei dem Schulter- und Nackenbereich sowie der Wirbelsäule zuwenden. Dort sitzen nach harten Arbeitstagen sehr viele Verspannungen. Vermeide auf jeden Fall grobe und feste Bewegungen. Diese können den positiven Effekt der Massage ganz schnell beenden.

10. Wie du einen BH öffnest

Du und deine Frau oder Freundin befinden sich einmal wieder kurz vor der heißen Phase. Nur der dumme BH ist noch im Weg. Der ist aber auch störend. Der muss schnell weg. Nur leider ist das für dich als Mann gar nicht immer so einfach. Je nach Art und Typus lassen sich die sonst so geliebten Büstenhalter ganz unterschiedlich öffnen. Obgleich sich vereinzelte BHs auch vor der Brust öffnen lassen, hat die Mehrheit der Exemplare die Öffnung hinten. Dies bedeutet, dass du als Mann deine Aktion gar nicht sehen kannst. Es gehören etwas Übung und Fingerspitzengefühl dazu. Wichtig dabei ist, dass du der Frau direkt gegenüberstehst und sich deine Hände am Ende eines jeden Bandes befinden. Du müsstest jetzt Häkchen und Ösen fühlen können. Wenn du diese etwas weiter vom Körper der Frau wegdrückst, hast du weitaus mehr Spielraum. Jetzt heißt es drücken. Drücke die beiden Enden aufeinander um den Druck zwischen den beiden Verschlüssen zu lösen. Versuche nun, die Seite mit den Ösen über die Haken zu schieben und somit den BH zu öffnen. Wenn du Glück hast, steht deine Partnerin jetzt oben ohne da und das heiße (Liebes-)Spiel kann beginnen.

11. Wie du Dessous aussuchst

Der Geburtstag steht einmal wieder an und du möchtest deine Liebste mit heißer Wäsche überraschen? Das kann ganz schön nach hinten losgehen. Bei der Auswahl von Dessous hat schon so mancher Mann ins Fettnäpfchen gegriffen. Wir zeigen dir, wie du dich im Wäschehimmel für die Frau ganz einfach zurechtfindest. Bei der Größe fängt das ganze Drama schon an. Viele Männer kennen schlicht und ergreifend die BH-Größe ihrer Partnerin nicht. Dann kann das ja nichts werden. Damit dein sexy Geschenk nicht schon auf den ersten Metern scheitert, solltest du einmal einen kurzen Blick in den Wäscheschrank riskieren. Dank der dortigen BHs und Slips kannst du die passende Größe schnell ermitteln.

Ein sinnlicher roter Stoff oder doch besser ein klassisches Schwarz? Auch die richtige Farbe will gefunden werden. Womit verhüllt sich die Liebste denn am liebsten? Ist sie eher der schlichte, elegante oder vielleicht sogar der farbenfrohe Typ? Finde es heraus! Dessous gibt es wie Sand am Meer. Neben den klassischen BHs und Slips winkt der Wäschemarkt mit Strings, Korsagen, Bodys und vielem mehr. Es gibt Exemplare mit Push-up, mit Bügeln, mit Schalen oder sogar als Minimizer. So viel Auswahl! Da kann man ganz schön ins Schwitzen geraten. Bevor du dich hier zu sehr in die Nesseln setzt, solltest du die Vorlieben deiner Partnerin auskundschaften und sie nach ihren Interessen fragen. Im allerschlimmsten Notfall findest du im Dessous-Geschäft auch immer kompetentes Fachpersonal. Die netten Damen stehen den überforderten Herren der Schöpfung mit Rat und Tat zur Seite und beraten dich gerne.

12. Wie du Emotionen zeigen kannst

Männer sind manchmal gefühlvoll wie Eisklumpen. Sie sind die harten Kerle, die am liebsten alles alleine regeln, ohne dabei auch nur eine Miene zu verziehen. Dabei vergisst du als Mann häufig, wie positiv und befreiend das Zeigen von Emotionen sein kann. Das ist kein Zeichen von Schwäche. Im Gegenteil! Emotionale Männer liegen voll im Trend. Dafür musst du auch gar nicht viel tun. Ein paar nette Worte, ein Lächeln, eine innige Umarmung, eine liebevolle Geste – schon hast du ein Frauenherz im Sturm erobert. Auch Komplimente oder kleinere Aufmerksamkeiten lassen deine emotionale Seite erkennen, ohne dich sofort als Softie zu enttarnen. Du musst ja nicht gleich anfangen zu weinen. Aber etwas mehr Gefühl hier und da würde auch dir guttun.

13. Wie du den Jahrestag im Kopf behältst

Sie schaut schon wieder so böse. Habe ich wieder etwas vergessen? Geburtstag? Hochzeitstag? Weihnachten? Männer haben die Tendenz, sich an einige Daten und Fakten nicht immer sofort zu erinnern. Hochzeits- oder Jahrestage gehören da auf jeden Fall dazu. Das kann zu Hause für ganz schön dicke Luft sorgen. Darauf kann Mann gut und gerne verzichten. Aber wie merkst du dir deinen Hochzeitstag oder den Geburtstag deiner Frau? Mach dir eine Notiz im Kalender. Am besten bereits am ersten Januar. Dann kannst du gar kein wichtiges Datum in diesem Jahr mehr verpassen und du hast keine Ausrede mehr. Wer bereits früh vorausdenkend plant, hat später weniger Ärger. Baue dir Eselsbrücken und halte dir wichtige Daten und Fakten immer vor Augen. So kannst du zum Beispiel euren Hochzeitstag als Passwort für deinen PC verwenden. Das musst du nahezu täglich eingeben und kannst es so kaum noch vergessen. Du solltest dich dann nur noch daran erinnern.

14. Wie du eine glückliche Beziehung führst

Dafür haben wir im Folgenden ein paar einfache Tipps zusammengestellt:

- Zeige dich gefühlvoll und einfühlsam

- Laufe vor einer Streitsituation nicht davon

- Sei ehrlich

- Akzeptiere Stärken und Schwächen

- Sorge für eine optimale Balance zwischen Freiraum und Nähe

- Betrachtet euch gegenseitig als gleichwertige Partner

- Sei nicht eifersüchtig

- Arbeitet an der Kommunikation

- Geh mit Witz und Humor an die Sache heran

- Lerne zu streiten

- Gehe hin und wieder auch Kompromisse ein

- Lass deine Partnerin ausreden und höre ihr zu

- Sieh deine Partnerin nicht als selbstverständlich an

- Versuche nicht, sie zu verändern

15. Wie du Frauen besser zuhören kannst

Hast du was gesagt? Oh, verdammt! Deine Freundin hat schon wieder diesen speziellen Blick aufgesetzt. Du hast mal wieder etwas vergessen oder ihr nicht richtig zugehört. Alarmstufe Rot! Es ist für dich als Mann sehr wichtig, dass du deiner Partnerin gut und richtig zuhörst. Davon hängt viel ab! Das ist auch gar nicht schwierig. Du musst dich während eures Gesprächs einfach nur voll und ganz auf den Wortlaut konzentrieren und darfst mit deinen Gedanken nicht bei den nächsten Fußballergebnissen sein. Nur sie allein ist jetzt wichtig! Da ist zum besseren Verständnis von deiner Seite etwas Schweigen angebracht. Überzeuge deine Partnerin lediglich kurz von deiner Konzentration und Aufmerksamkeit. Das kann durch ein kurzes „Hm" oder „Aha" oder aber auch ein Nicken geschehen. Lass auf keinen Fall das Gespräch an dir vorbeiplätschern. Bringe dich aktiv ein, ohne dabei die Unterhaltung zu übernehmen. Mach ihr deutlich, dass dir wirklich etwas an dem Gespräch liegt und du ihr folgen möchtest. So kannst du zum Beispiel Gegenfragen stellen, sie nach ihrer Meinung fragen oder sie bitten, eine gewisse Sachlage näher zu erläutern. Je aktiver du im Gespräch bleibst, desto mehr bleibt davon bei dir haften.

16. Wie du richtig Schluss machst

Eine Trennung ist nie leicht. Insbesondere Frauen leiden darunter, wenn eine Beziehung in die Brüche geht. Deshalb solltest du das sensible Thema ganz vorsichtig und geschickt angehen. Vermeide öffentliche Orte. Niemand möchte Zeuge eurer Trennung werden. Ein ruhiger und etwas abgeschiedener Ort ist dafür besser geeignet. Deine Freundin verdient ein Gespräch unter vier Augen. Es zeugt nicht von Reife und Männlichkeit, wenn du am Telefon oder über eine WhatsApp-Nachricht mit ihr Schluss machst. Das führt nur zu Streit und Tränen.

Ihr sitzt zusammen für euer ernstes Gespräch. So etwas ist niemals schön. Deshalb solltest du ihr und dir den Gefallen tun und sofort die Katze aus dem Sack lassen. Es bringt nichts, wenn du nur unnötig rumdruckst. Damit zögerst du das Unvermeidliche nur hinaus. Sag sofort und ohne Umschweife, was Sache ist. Bleib aber dabei stets sachlich und verletze sie nicht. Es ist für sie schon schwer genug. Liefere ihr einen nachvollziehbaren Grund für die Trennung und nimm dabei, wenn möglich, die Schuld auf dich. Jetzt kommt der wirklich harte Part. Deine Freundin wird vielleicht aus allen Wolken fallen und mit Tränen antworten. Das ist normal. Jetzt musst du beweisen, dass in dir ein ehrlicher Mann steckt. Tröste sie, trockne ihre Tränen und versuche, sie zu beruhigen. Mach ihr deutlich, dass du die Zeit mit ihr sehr genossen hast und dass ihr immer noch Freunde bleiben könnt. Eine freundschaftliche und einvernehmliche Trennung ist besser als ein Rosenkrieg.

17. Wie du dir ein Datingprofil anlegst

Heutzutage lernt Mann seine Herzdame häufig online kennen. Zahlreiche Datingportale locken mit einsamen Singles. Der Schlüssel zum neuen Liebesglück ist ein ansprechendes Datingprofil. Auf deiner Profilseite finden die Damen im Regelfall ein Foto von dir sowie vereinzelte Angaben zu deiner Person und deinem Charakter. Das Foto sollte ehrlich, authentisch und sympathisch wirken. Verzichte deshalb auf Filter und Photoshop. Das wirkt fake und gekünstelt. Auf Datingplattformen ist mehr Schein als Sein. Das fängt schon beim Namen an. Hier eroberst du mit einem Pseudonym und nicht mit deinem realen Namen die Frauenwelt. Bei deinem Nickname sind deiner Fantasie keine Grenzen gesetzt. Wähle aber einen Spitznamen, der zu dir und deinem Charakter passt. Auch deine Angaben sollten ein ehrliches und authentisches Bild von dir widerspiegeln. Bringe auch gerne etwas Witz, Humor und Selbstironie mit rein. Darauf stehen die Frauen.

18. Wie du Hände schüttelst

Ein „High five" oder eine Ghettofaust sind zwar schön und gut, aber in manchen Situationen muss es schon der gute alte Handschlag sein. Dabei kann man ja nicht sooo viel falsch machen, oder? Hast du eine Ahnung. Auch beim Händeschütteln kann man ganz schön ins Fettnäpfchen treten. So kann dein Handschlag zum Beispiel zu locker und schwabbelig sein. Dein Handschlag sagt mehr über dich als Person aus, als du zuerst vermuten magst. So kann dein Gegenüber sich bereits ein Bild von dir machen, obwohl du noch keinen Ton gesagt hast. Alles in allem sollte ein Handschlag unter Männern stets kurz und kräftig sein. Direkter Blickkontakt und ein Lächeln sind dabei auch nicht verkehrt.

19. Wie du dich vorstellst

„Yo, also ich bin der Kevin, ne!" So kannst du dich vorstellen … Musst du aber nicht. Es gibt weitaus intelligentere und charmantere Wege, mit einer dir unbekannten Person in Kontakt zu treten.

Suche den Blickkontakt

Mit der simplen Erwähnung deines Namens kannst du heutzutage nicht mehr punkten. Beim Erstkontakt mit einem Fremden bringt es dir herzlich wenig, wenn du dabei auf den Boden oder in die Luft starrst. Viel mehr Erfolg hast du, wenn du von Anfang an Blickkontakt mit deinem Gegenüber herstellst. Durch diese Art und Weise zeigst du Interesse und brichst das Eis.

Achte auf deine Mimik, Gestik und Körpersprache

Die eigentliche Vorstellung beginnt bereits, bevor du auch nur ein Wort gesagt hast. Durch Mimik, Gestik und Körpersprache kannst du mehr bewirken, als du zuerst annimmst. Bemühe dich um eine aufrechte Körperhaltung, setze dein schönstes Lächeln auf und zeige deinem Gegenüber, dass du keine Angst vor dem Gespräch hast.

Nenne deinen Namen!

Jetzt geht es ans Eingemachte. Du stellst dich mit deinem Namen vor. Hierbei spielt die jeweilige Situation eine entscheidende Rolle. Handelt es sich hierbei um einen formellen Anlass, solltest du dich mit Vor- und Nachnamen vorstellen. Ist die Person vor dir lediglich ein Neuzugang in der Clique, in der Nachbarschaft oder im Sportverein, genügt der Vorname. Das wäre geklärt. Als Nächstes solltest du nach dem Namen fragen. Du willst ja schließlich wissen, mit wem du es zu tun hast.

Das Frage-Antwort-Spiel

Der Einstieg ist geschafft. Aber du willst doch sicher mehr wissen als nur den Namen. Stelle der fremden Person Fragen über ihren Wohnort, ihre Arbeit oder ihre Hobbys. So bekommt der oder die Unbekannte immer mehr ein Gesicht.

Ein gelungener Abschluss

Auch das schönste Gespräch geht einmal zu Ende. Bedanke dich zum Abschluss für die Unterhaltung und sag, dass du dich über ein Wiedersehen freuen würdest.

20. Wie du einer Frau in den Mantel hilfst

Es gibt sie noch. Die Gentlemen der alten Schule, die einer Frau in den Mantel helfen. Wenn du eine Frau beeindrucken möchtest, dann solltest du dir diese Eigenart zulegen. Insbesondere auf Feierlichkeiten oder in einem edlen Restaurant gehört es zum guten Ton, der Dame in den Mantel zu helfen. Die Aufgabe solltest du allerdings selbst übernehmen und nicht auf den Gastgeber oder einen Kellner abwälzen. Beim Verlassen des Restaurants oder der Party ziehst du zuerst deinen Mantel an und bietest dann der Dame an, ihr in den Mantel zu helfen. Halte ihr galant ihren Mantel hin und achte dabei darauf, dass sie als Rechtshänderin auch zuerst in den rechten Ärmel schlüpfen kann.

21. Wie du einen Tisch in einem Restaurant bestellst

Du möchtest deine Partnerin in ein nobles Restaurant ausführen? Eine gute Idee! Damit ihr auch einen Platz bekommt und nicht an der Tür abgewimmelt werdet, solltest du als Gentleman im Voraus einen Tisch bestellen. Das ist nun wirklich kein Hexenwerk. Du musst dich nur für ein Restaurant entscheiden, die Anzahl der Personen festlegen, ein Datum samt Urzeit festlegen und in dem entsprechenden Restaurant anrufen. Alternativ kannst du die Reservierung auch online vornehmen oder persönlich vorbeigehen. Sei bei der Reservierung stets höflich, bestätige sie im Notfall und sei pünktlich vor Ort. Dann steht deinem schönen Abendessen gar nichts im Wege.

22. Wie du anderen Leuten die Tür aufhältst

Es gibt sie noch, die Kavaliere der alten Schule. Die wahrlichen Gentlemen, die einer Frau die Türe aufhalten. Wenn du eine Dame beeindrucken möchtest, dann solltest du ihr bei jeder sich bietenden Gelegenheit die Türe aufhalten. Das zeugt von Respekt und Manieren. Klingt simpel, ist es aber nicht! Auch das Aufhalten einer Tür will gelernt sein. Niemand mag es, wenn einem die Tür vor der Nase zugeschlagen wird oder sie einem sogar ins Gesicht fällt. Du bestimmt auch nicht! Wenn du also durch eine Tür trittst und eine Frau geht direkt hinter dir, dann warte ein bis Sekunden und halte ihr die Türe auf. Es ist egal, ob du die Dame kennst oder nicht. Es gehört zum guten Ton, einem anderen Menschen die Türe aufzuhalten. Ganz gleich, ob es sich hierbei um eine Ladentür, eine Haustür oder eine Autotür handelt – der Mann hat der Dame die Tür aufzuhalten. Im besten Fall wirst du dafür mit einem Lächeln und einem liebenswerten „Danke" belohnt.

23. Wie du von einer Karte bestellst

Du befindest dich in einem Restaurant und hast übelst Kohldampf. Lass dir das bloß nicht anmerken. Ganz egal, wie heftig dein Magen knurrt, du solltest immer einen positiven Eindruck von dir und deinen Manieren hinterlassen. Das beginnt bereits bei der Bestellung. Ein jeder Restaurantbesuch beginnt mit einem Blick in die Speisekarte. Hier kannst du zwischen Vorspeisen, Hauptgängen, Nachspeisen und Getränken wählen. Dein erster Blick sollte zum Getränkeangebot gehen. Während du auf dein Getränk wartest, hast du ausreichend Zeit, die kulinarischen Köstlichkeiten der Küche zu studieren. Worauf hast du denn heute Lust und was gibt dein Geldbeutel her? Bei der Bestellung selbst solltest du dich dem Kellner gegenüber stets höflich und zuvorkommend verhalten. Äußere klar und deutlich deine Wünsche, sag „bitte" und „danke" und verzichte, wenn möglich, auf zu viele Änderungen der Zutaten.

24. Wie und wie viel Trinkgeld du gibst

Du warst in einem noblen Restaurant und das Essen dort war zu deiner Zufriedenheit? Dann solltest du jetzt nicht einfach aufstehen und gehen. Im Gegensatz zu McDonald's, Burger King und Co. ist es in Restaurants üblich, nach dem Essen dem Kellner etwas Trinkgeld zu geben. In Deutschland beträgt das Trinkgeld ungefähr 10 % des Rechnungsbetrages. Wenn der Service sehr gut war, kannst du auch gerne mehr geben. Aber sei vorsichtig. Auch das Geben von Trinkgeld will gelernt sein. Beim Trinkgeld solltest du nicht knausern. Darüber hinaus sind Kellner keine willkommene Möglichkeit, dein Rotgeld loszuwerden. Beim Trinkgeld solltest du deshalb auf Centstücke verzichten.

Du bist ein Kind reicher Eltern und kannst deshalb etwas protzen. Das ist schön für dich – das will nur keiner wissen. Beim Geben von Trinkgeld solltest du nicht das „rich kid" raushängen lassen. Bleibe dabei stets diskret und mache keinen Aufstand darum. In unserer heutigen Gesellschaft wird viel mit Karte bezahlt. Auch du zückst bestimmt lieber das Kärtchen, als im Geldbeutel nach dem gewünschten Betrag zu wühlen. Beim Trinkgeld sieht das allerdings etwas anders aus. Dieses sollte im Idealfall bar bezahlt werden. Niemand am Tisch muss wissen, wie flüssig und spendabel du heute bist. Erledige das „Trinkgeldgeschäft" bitte nicht für alle sichtbar am Tisch. Das hinterlässt einen schlechten Eindruck. Viel besser ist es, wenn du dich kurz an die Bar begibst und dem Kellner dort dein Trinkgeld überreichst.

Du hast nur schnell einen Kaffee getrunken und dein Bus kommt gleich? Keine Angst. In einer solchen „Notfallsituation" musst du nicht extra auf den Kellner warten. Du kannst dein Trinkgeld diskret, aber sichtbar auf dem Tisch platzieren. Das sollte aber eine Ausnahme bleiben. Trinkgeld wird im Regelfall immer der Servicekraft persönlich überreicht.

25. Wie du einen Wein auswählst

Du hast heute Damenbesuch oder befindest dich mit Begleitung in einem Restaurant? Dann sei ein Gentleman und wähle einen Wein aus. Aber Vorsicht! Dabei kann man ganz schön ins Fettnäpfchen treten. Der Erfolg des Abends steht oder fällt manchmal mit der richtigen Weinauswahl. Jetzt bloß keinen Fehler machen. Ein guter Wein muss nicht teuer sein. Viel wichtiger ist, dass er, beziehungsweise die Rebsorte, zum Rest deines Essens passt. In den seltensten Fällen kannst du den Wein im Supermarkt oder am Tisch direkt probieren. Da musst du anders an die Sache herangehen. Informiere dich zum Beispiel über das Anbaugebiet und die Geschmacksnuancen oder erkundige dich nach Meinungen und Bewertungen. Vielleicht bringt das ja etwas Licht ins Dunkel. Lass dich im Zweifel von einer fachkundigen Person beraten. Am wichtigsten ist, dass der Wein perfekt mit dem Essen und den jeweiligen Zutaten harmoniert und ihnen nicht im Weg steht.

26. Wie du eine Weinflasche öffnest

Du hast deine Angebetete zu dir nach Hause eingeladen und möchtest sie mit einer schönen Flasche Wein beeindrucken? Da wäre es doch ungünstig, wenn du genau jetzt die Weinflasche nicht aufbekommst. Für das Öffnen einer Weinflasche benötigst du im Regelfall einen Flaschenöffner. Einen solchen solltest du stets in einer deiner Schubladen griffbereit haben. Du wirst ihn jetzt brauchen. Stecke die Spindel deines Flaschenöffners senkrecht in deine Weinflasche und nimm den Griff in die Hand. Drehe oder ziehe so lange am Flaschenkorken, bis dieser sich lockert und von alleine hinausgeht. Allerdings ist jeder Korkenzieher etwas anders und hat ein Eigenleben. Es sind also etwas Übung und Erfindungsreichtum gefragt. Hast du keinen Flaschenöffner im Haus, kannst du deine Weinflasche auch mit einem Messer, einem Nagel, einer Luftpumpe oder einem Kleiderbügel öffnen. Das sollte allerdings eine Ausnahme bleiben.

27. Wie du eine Sektflasche öffnest

Du hast ein nettes Abendessen für deine Partnerin vorbereitet? Da darf eine gute Flasche Sekt nicht fehlen. Ein wahrer Gentleman weiß, wie man eine Sektflasche richtig öffnet. Hole als Erstes das Prickelwasser aus dem Kühlschrank. Für den optimalen Genuss sollte Sekt kalt serviert werden. Pass jetzt gut auf! Du solltest die Flasche auf keinen Fall schütteln. Ansonsten könnte die spritzige Kohlensäure verloren gehen. Eine Sektflasche hat im Normalfall einen Korken. Diesen gilt es zu entfernen. Davor musst du allerdings die Banderole und den Draht an der Sektflasche lösen. Sorge jetzt für ausreichend Platz. Du willst ja niemanden mit dem Korken abschießen oder anderweitige Gegenstände treffen. Nimm deine Flasche in eine Hand und drehe mit der anderen vorsichtig den Korken heraus. Jetzt ist der Sekt geöffnet und kann in die Gläser gefüllt werden.

28. Wie du Austern öffnest

Du bist zu einem Geschäftsessen eingeladen und es gibt Austern. Jetzt nur nicht blamieren. Wie öffnet man die Kerlchen noch einmal? Neben deinem Teller liegt ein seltsames Messer. Das liegt da nicht ohne Grund. Du wirst es zum Öffnen deiner Austern benötigen. Beim eigentlichen Öffnen der Auster hast du die Qual der Wahl. Du kannst zwischen zwei Möglichkeiten wählen. Bei der einen Variante wird die Auster von vorne, bei der anderen von der Seite aufgebrochen. Halte als Erstes deine Auster so, dass die untere Seite auch nach unten zeigt. Du erkennst sie daran, dass sie gewölbt ist. Die Vorderseite (Spitze) der Auster sollte zu dir zeigen. Ramme jetzt dein Austernmesser in das Scharnier und heble die beiden Austernhälften auf. Durchtrenne jetzt den Schließmuskel. Wenn du alles richtig gemacht hast, sollte nun die Schale aufspringen. Die brauchst du nicht. Die kannst du mühelos entfernen und entsorgen. Im nächsten Schritt fährst du mit deinem Austernmesser unter das Fleisch und entfernst den anderen Schließmuskel. Du kannst das Fleisch jetzt entfernen und verzehren.

29. Wie du ein Einstecktuch faltest

Der moderne Mann von Welt trägt wieder Einstecktuch. Ganz gleich, ob auf feierlichen Anlässen, bei wichtigen Geschäftsterminen oder im Theater – das Einstecktuch im Jackett ist immer mit dabei. Damit du mit deinem Einstecktuch auch alle von dir überzeugen kannst, muss es richtig gefaltet sein. Es existieren zahlreiche verschiedene Faltvarianten. Eine davon ist die sogenannte Dreiecksfaltung. Diese wirkt klassisch und elegant zugleich. Hierfür musst du lediglich dein Einstecktuch diagonal vor dich auf einen Tisch legen. Klappe jetzt das untere Ende auf das obere, sodass ein Dreieck entsteht. Schlage die linke Ecke des Dreiecks ein, wende das Tuch und wiederhole den Vorgang. Jetzt ist dein Einstecktuch gefaltet und kann in deiner Tasche platziert werden.

30. Wie du eine Krawatte bindest

Ganz gleich, ob wichtiger Arbeitstermin, edles Dinner oder Theaterbesuch – die Krawatte beim Herrn ist Pflicht. Du möchtest dich als erfahrener Gentleman und kultivierter Mann von Welt präsentieren? Dann brauchst du mindestens eine moderne Krawatte im Schrank. Aber selbst die beste Krawatte kann zum größten Reinfall deines Lebens werden, wenn sie falsch gebunden ist.

Krawattenknoten über Krawattenknoten

DEN Krawattenknoten gibt es nicht. Um etwas Abwechslung zu schaffen, hat die Modewelt für den Herren nahezu 200 unterschiedliche Knottechniken entwickelt. Die gängigsten davon sind der Four-in-Hand-, der einfache Windsor-, der doppelte Windsor- und der Kent-Knoten sowie der American-Knoten („Shelby") und der Doppelknoten. Eine jede dieser Bindetechniken erfordert eine ganz besondere Herangehensweise.

Der gute alte Four-in-Hand-Knoten

Als Beispiel dient uns hier der Four-in-Hand-Knoten. Mit dem kannst du auf besonderen Anlässen gar nichts falsch machen. Er lässt deinen Kulturstrick schön lang und schmal wirken und verlängert deinen Hals. Der Four-in-Hand ist nicht nur für alte und geübte Krawatten-Liebhaber geeignet. Im Gegenteil! Er verleiht dir ein flottes Auftreten, macht auch auf legeren Outfits eine gute Figur und lässt sich relativ simpel binden. Der perfekte Knoten für Krawatten-Neulinge.

Und so geht's:

Als Erstes schnappst du dir deine Krawatte und legst sie dir um den Hals. Achte dabei bitte darauf, dass das breitere Ende auf deiner rechten Seite liegt und etwas länger ist als das schmale. Los geht's. Nimm bitte das schmale Ende in deine linke und das breitere Ende in deine rechte Hand. Lege jetzt das breite Ende über das schmale Ende. Wenn du keine Rechts-Links-Schwäche hast, dürfte dir dieser Punkt keine Schwierigkeiten bereiten. Uuuund Seitenwechsel! Führe jetzt bitte das breite Ende um das schmale herum. Bei korrekter Anwendung sollte es jetzt links liegen. Und hoch damit! Im nächsten Schritt nimmst du erneut das breite Ende unter den halben Knoten und führst es nach oben. Nimm jetzt das breite Ende in deine rechte Hand und ziehe es zwischen dem äußeren und dem unteren Stoff hindurch. Wenn du jetzt das schmale Ende gut festhältst und den Knoten vorsichtig zuziehst, bist du auch schon fertig. Zu Beginn ist die Anleitung immer etwas schwierig zu verstehen. Aber du wirst sehen, nach ein paar Versuchen hast du den Bogen raus und kannst dich der Öffentlichkeit als wahrer Gentleman präsentieren.

31. Wie du eine Fliege bindest

Es steht einmal wieder ein gehobeneres Event mit einem gewissen Dresscode an. Oh nein, nicht schon wieder Kulturstrick. Statt einer Krawatte trägt der noble Gentleman von heute auch gerne einmal eine Fliege. Aber auch dieser Augenschmeichler kann dein Outfit zerstören. Falsch gebunden bringt dir selbst die eleganteste Fliege nichts. Mit ein paar kleinen Tricks und Kniffen kriegst du das aber schon hin und rettest ganz galant den Abend.

- Fliege um den Hals legen. Ein Ende sollte dabei etwas länger sein.

- Enden zusammenknoten und die lange Seite über die Schulter werfen.

- Kurzes Ende der Fliege binden, ähnlich wie beim Schuhezubinden.

- Langes Ende über das kurze legen.

- Flügel des kurzen Endes nach vorne klappen. Es sollte jetzt eine Schlaufe entstehen.

- Fliege in die optimale Form ziehen und präsentieren.

32. Wie du deine Schuhe säuberst und polierst

Ein Gentleman ist immer optimal gekleidet. Saubere Kleidung ist das A und O. Auch dein Schuhwerk soll dabei stets gepflegt sein. Da hilft alles nichts. Da musst du dich hinsetzen und deine Treter putzen und polieren. Wie und mit was du deine Schuhe putzt, ist selbstverständlich auch vom Material abhängig. Wir gehen jetzt hier einmal von den noblen Lederschuhen aus. Diese solltest du vor ihrem großen Auftritt erst einmal abwaschen und bürsten. Hierfür eignen sich ein Lappen und eine Schuhbürste. Auch Schuhe brauchen Liebe und Pflege. Deshalb solltest du sie regelmäßig mit etwas Imprägnierspray verwöhnen. Dadurch bleibt das Leder schön und weich. Wenn das Spray getrocknet ist, bist du noch lange nicht fertig. Als Nächstes greifst du zu Schuhcreme und Schuhwachs und trägst es vorsichtig auf. Du willst deine schönen Schuhe ja noch eine Weile behalten, oder? Als Letztes polierst du deine Schuhe mit einer Bürste oder einem Tuch. Jetzt bist du ausgehfertig und auch deine Schuhe können sich sehen lassen.

33. Wie du einen Walzer tanzt

Es wird ein Walzer gespielt und du möchtest deine Tischnachbarin zum Tanzen auffordern. Eins, zwei, drei … eins, zwei, drei – wie war das in der Tanzschule doch noch einmal gleich? Ein richtiger Mann muss auch einen ordentlichen Walzer tanzen können. Zumindest sollte er die Grundschritte beherrschen. Um dich nicht zu überfordern, gehen wir hier einfach einmal vom langsamen Walzer aus. Der reicht im Regelfall völlig aus. Hierbei stehst du als Mann deiner Tanzpartnerin in einer geschlossenen Tanzhaltung direkt gegenüber. Jetzt stellst du dir vor euch auf dem Boden ein Quadrat oder einen Bierkasten vor und läufst diesen ab. Klingt lustig, ist aber so! Du als moderner Fred Astaire gehst mit deinem rechten Fuß zuerst einen Schritt nach vorne. Es folgt ein Schritt nach links mit dem linken Bein. Danach schließt das rechte Bein auf und die Hälfte der Arbeit ist getan. Die nächste Fahrt geht rückwärts! Du als Mann gehst zuerst mit dem linken Bein zurück, dann mit dem rechten Bein und schließt dann mit dem linken Bein ab. Das war dann auch schon alles. Damit kann man schon einmal einen Tanz verbringen, oder?

34. Wie du an deiner Pünktlichkeit arbeitest

Du hast einen wichtigen Termin und die Zeit sitzt dir mal wieder im Nacken? Das muss nicht sein. Ein wahrer Gentleman ist stets pünktlich. Im Folgenden zeigen wir dir, wie du an dieser wichtigen Tugend arbeiten kannst.

- Arbeite an deinem Zeitmanagement

- Plane ein paar Minuten extra Zeit ein

- Unnötige Aufgaben aufschieben

- Sich ein realistisches Zeitgefühl angewöhnen

- Unpünktlichkeit etappenweise reduzieren

- Sich nicht ablenken lassen

- An die Zeitplanung halten

- Lieber warten als abhetzen

- Vorbereitung ist alles

- Lege dir nicht zu viele Termine zu eng zusammen

- Stelle deine Uhr etwas vor

35. Wie du einen Serviettenfächer faltest

Du möchtest deine Liebste einmal wieder mit einem schönen Abendessen überraschen? Worauf wartest du noch? Obgleich sich hierbei alles um das Essen dreht, sollte auch das Ambiente nicht vernachlässigt werden. Das Auge isst ja bekanntlich auch mit. Zu einem gedeckten Tisch gehören auch dekorativ gefaltete Servietten. Mit einem Serviettenfächer kannst du bei deiner Herzdame auf jeden Fall punkten. Für einen hübschen Serviettenfächer musst du nur eine aufgefaltete Serviette mit der Vorderseite vor dich auf den Tisch legen. Gehe jetzt an eine der schmalen Seiten und falte die Serviette wie eine Ziehharmonika auf. Drei Viertel dürften hierfür reichen. Klappe die Serviette jetzt in der Mitte zusammen. Die Ziehharmonika soll dabei nach außen zeigen. Sobald du die obere Ecke nach links unten gefaltet hast, erhältst du einen schönen Serviettenfächer, welcher auf jedem Teller eine gute Figur macht.

36. Wie du dich auf einen Job bewirbst

Du suchst Arbeit? Die fällt nicht vom Himmel. Den Job deiner Träume musst du suchen und dich dafür bewerben. Die Suche nach Arbeitsstellen kann auf vielerlei Arten erfolgen. Du kannst einen Blick in die Zeitung werfen, die Jobportale im Internet durchforsten oder direkt beim Arbeitsamt vorbeischauen. Wenn du ein verlockendes Inserat gefunden hast, musst du schnell sein. Bewirb dich für den Job, bevor es ein anderer tut. Für eine aussagekräftige Bewerbung benötigst du ein Anschreiben (Motivationsschreiben), einen aktuellen Lebenslauf sowie diverse Zeugnisse oder anderweitige Zertifikate. Die vollständigen Unterlagen packst du sorgfältig in eine Bewerbungsmappe und lässt sie deinem neuen Arbeitgeber zukommen. Ging das vor Jahren noch auf dem Postweg, wird das heutzutage nahezu alles online erledigt. Deine Unterlagen werden als Dokumente hochgeladen oder per E-Mail verschickt.

37. Wie du ein Bewerbungsgespräch führst

Es hat geklappt. Das Unternehmen deiner Wahl hat deine Bewerbung erhalten und wohlwollend zur Kenntnis genommen. Sie wollen dich zu einem Bewerbungsgespräch einladen. Wenn du da punktest, gehört der Job schon so gut wie dir. Wir zeigen dir, worauf du bei einem Bewerbungsgespräch achten solltest.

- Informiere dich im Vorfeld über das Unternehmen

- Übe den Ablauf vor dem Spiegel oder mit Freunden und Familie

- Plane deinen Weg zum Unternehmen

- Suche dir deine Kleidung für das Bewerbungsgespräch raus

- Bereite dich mental darauf vor

- Sorge für einen guten ersten Eindruck

- Zeige dich selbstbewusst

- Achte auf deine Umgangsformen

- Sei stets höflich und zuvorkommend

- Bleib stets ehrlich

- Antworte klar verständlich auf die an dich gestellten Fragen

- Achte auf deine Körpersprache (Mimik, Gestik)

- Stelle selbst Fragen

- Mach dir im Notfall Notizen

- Lass dich nicht verunsichern

38. Wie du nach einer Gehaltserhöhung fragst

Du hast die letzten Wochen und Monate hart gearbeitet und hast dir eine Gehaltserhöhung verdient? Dann schnapp sie dir! Aber eine Gehaltserhöhung fällt nicht vom Himmel. Dafür musst du deinen Chef erst davon überzeugen, dass deine Arbeit das Geld auch wert ist.

Vorbereitung ist das halbe Leben

Du solltest deinem Personalchef im Idealfall nicht unvorbereitet gegenübertreten. Das wirkt unprofessionell und ist bereits zu Beginn zum Scheitern verurteilt. Überlege dir genau, was deine Arbeit wert ist, vergleiche deine Bezahlung mit der anderer Mitarbeiter in deiner Branche und setze dir ein konkretes Wunschgehalt. Diese Vorbereitung wird dich zwar ein paar Minuten kosten, aber es lohnt sich.

Zeige dich souverän!

Der große Tag der Gehaltsverhandlung ist da. Zögerlich klopfst du an die Tür deines Chefs und bittest um das alles entscheidende Gespräch. Die Nervosität ist dir sichtbar anzusehen. Dennoch sollte dein Vorgesetzter nichts davon bemerken. Tritt souverän auf und bringe ganz klar und deutlich dein Anliegen vor. Er wird dir schon nicht den Kopf abreißen.

Überzeuge deinen Chef, dass du dein Geld wert bist

Während des Gesprächs selbst solltest du das Wort „Gehaltserhöhung" wenn möglich vermeiden. Mache deinen Chef darauf aufmerksam, dass du in letzter Zeit sehr viel mehr gearbeitet oder neue Aufgaben übernommen hast. Das möchtest du natürlich auch auf deinem Kontoauszug sehen.

Lerne, auch Niederlagen einstecken zu können!

Cool bleiben! Nicht immer verläuft das Gespräch zu deinen Gunsten. Dein Chef hat vielleicht gerade einen schlechten Tag und ist dir und deinen Wünschen gegenüber deshalb nicht ganz so milde gestimmt. Lasse die Diskussion auf keinen Fall eskalieren. Bleib cool, besonnen und vermeide bitte Kraftausdrücke jeder Art. Du hast dein Ziel nicht erreicht? Das ist zwar schade, aber noch lange kein Weltuntergang. Bleib trotzdem höflich und bedanke dich bei deinem Vorgesetzten für das Gespräch. Immerhin hast du es versucht.

39. Wie du Frauen in Führungspositionen akzeptieren kannst

Du warst eigentlich die ganze Zeit scharf auf die Führungsposition in deiner Firma. Aber dann hat den Job doch deine Kollegin bekommen. Das kratzt ganz schön an deinem männlichen Ego. Du als gestandener Mann und Gentleman musst jetzt lernen, eine Frau an der Führungsspitze zu akzeptieren und zu tolerieren. Das ist heutzutage keine Seltenheit mehr. Jetzt ist es wichtig, dass du als Mann dein klassisches Denken ablegst und nicht mehr einen auf Alphamännchen machst. Schlucke deinen Stolz runter, ertrage es wie ein Mann und heiße die neue Führungsschicht willkommen. Vermeide auf jeden Fall geschlechterbezogene Sprüche und Andeutungen und lerne, dich dem weiblichen Führungsstil zu fügen. Das mag zwar zu Beginn etwas ungewohnt sein, ist aber ein Zeichen von Reife und modernem Denken. Sieh deine neue Vorgesetzte nicht als Frau, sondern als wertvolle Kollegin und Mitstreiterin. Höre ihr genau zu, gehorche ihren Anweisungen und behandle sie genauso, wie du einen männlichen Chef behandeln würdest. Dann kann gar nichts schiefgehen.

40. Wie du erfolgreich Smalltalk führst

In der Kürze liegt die Würze. Männer reden ja bekanntlich nicht viel! Ein kurzer Smalltalk hier und da ist vollkommen ausreichend. Aber auch der will gelernt sein. Um peinliches Schweigen zu vermeiden, solltest du mit dem Smalltalk beginnen. Verwickle dein Gegenüber in ein Gespräch. Die ersten Gesprächsthemen können absolut belanglos und unverfänglich sein. Das Wetter, der Beruf oder persönliche Hobbys und Interessen sind ein guter Einstieg. Nicht nur deine Worte, auch deine Körpersprache sowie deine Mimik und Gestik sind beim Smalltalk sehr wichtig. Schaue dein Gegenüber direkt an, halte Blickkontakt und lächle. Das lässt dich aufmerksam und sympathisch wirken. Auch beim Smalltalk musst du nicht die ganze Zeit nur reden. Du kannst auch einfach nur zuhören. Bleib aber aktiv im Gespräch, mach Einwürfe, antworte auf Fragen und zeige Interesse an deinem Gesprächspartner. Auch der schönste Smalltalk geht einmal zu Ende. Verabschiede dich höflich und bedanke dich für das Gespräch.

41. Wie du ein Geschäftsgespräch führst

In der Arbeitswelt kommt Mann daran nicht vorbei. Hin und wieder muss ein wichtiges Geschäftsgespräch mit dem Chef geführt werden. Alleine bei dem Gedanken schlottern dir schon die Knie. Das kann ja dann nichts werden. Im Folgenden zeigen wir dir, wie du ab jetzt ganz locker, seriös und souverän ein Geschäftsgespräch meisterst.

- Starte mit einer höflichen Begrüßung!

- Informiere dich über die Befindlichkeit deines Gegenübers. So erreichst du eine emotionale Basis.

- Suche dabei stets den Blickkontakt!

- Jetzt kommen die Fakten auf den Tisch. Höre deinem Vorgesetzten gut zu, stelle im Notfall Fragen, aber halte dich ansonsten eher im Hintergrund.

- Wenn du selbst etwas sagen oder vorbringen möchtest, solltest du das bereits im Voraus vorbereiten.

- Bleibe stets freundlich und respektvoll!

- Am Ende ist Platz für Fragen, Einwürfe und/oder Kompromisse. Einigt euch auf eine Situation, mit der ihr alle gut leben könnt.

- Akzeptiere auch Kritik oder eine Niederlage.

- Bedanke dich für das Gespräch, verabschiede dich höflich und ziehe dich zurück.

42. Wie du eine Niederlage einstecken lernst

Mann ist nicht perfekt! Auch du als Mann und Gentleman musstest bestimmt schon hin und wieder eine Niederlage einstecken. Eine solche Krisensituation macht dich erst zum Mann. Wenn du einmal wieder eine Niederlage befürchtest, ist es ratsam, diese wie ein Mann zu ertragen, dazu zu stehen und die Verantwortung dafür zu übernehmen. Das zeugt von echter Stärke. Eine Niederlage ist kein Weltuntergang. Du musst dich jetzt nicht in deinem stillen Kämmerlein verkriechen und Trübsal blasen. Zeige dich weiterhin selbstbewusst in der Öffentlichkeit und gehe wie ein Sieger aus der Niederlage hervor. Löse dich von deinem Heiligenschein! Auch Männer dürfen Unrecht haben und hin und wieder versagen! Dadurch verlieren sie nichts von ihrer Männlichkeit. Statt dich zu verstecken, ist es viel effektiver, aus deinen Niederlagen zu lernen und dir deine Fehler zunutze zu machen. Auch Niederlagen sind ein wichtiges Element auf dem Weg zum Erfolg.

43. Wie du mit einer Kreditkarte umgehst

Du bist jetzt im Besitz einer Kreditkarte? Bevor du losshoppst, bis die Karte glüht, möchten wir dich etwas auf den Boden der Tatsachen zurückführen. Auch der korrekte Umgang mit einer Kreditkarte will gelernt sein. Mit einfach nur Kärtchenzücken und -durchziehen ist es noch lange nicht getan.

Suche dir einen sicheren Platz für deine Kreditkarte!

Es ist wichtig, dass du deine Kreditkarte sicher aufbewahrst. Im Regelfall solltest du deine Kreditkarte in einem separaten Fach in deinem Geldbeutel aufbewahren. Wenn du sie nur zu besonderen Anlässen verwendest, kannst du sie auch zu Hause in einer Schublade lassen. Da ist sie gut verwahrt.

Präge dir PIN und Passwörter ein!

Eine jede Kreditkarte ist wertlos ohne die nötige PIN und die Passwörter. Diese Zahlen und Ziffern solltest du dir so schnell wie möglich einprägen. Je länger du sie schriftlich mit dir herumträgst, desto länger haben Unbeteiligte darauf Zugriff und können sich an deiner Kreditkarte bedienen.

Was tun bei Verlust?

Obwohl du stets gut auf deine Kreditkarte aufgepasst hast, ist sie dir dennoch abhandengekommen. Jetzt musst du das Ding unverzüglich sperren lassen. Hierfür hast du eine spezielle Sperr-Nummer zu wählen.

Kontrolle ist besser!

Ähnlich wie das Bankkonto solltest du auch dein Kreditkartenkonto stets überprüfen. Es kann immer sein, dass ein Betrag falsch abgebucht wurde oder du Abbuchungen vorfindest, die du selbst nicht getätigt hast.

44. Wie du schuldenfrei lebst

Keine Frau mag Männer mit Schulden. Du als gestandener Mann und angehender Gentleman solltest auch deine Finanzen im Griff haben. Das zeugt von Reife und Organisation. Im Folgenden zeigen wir dir, wie du Schuldenfallen locker umschiffst.

- Führe über deine Einnahmen und Ausgaben genau Buch

- Bezahle deine Rechnungen sofort

- Vermeide Mahngebühren

- Bezahle zuerst deine Fixkosten

- Vermeide EC- oder Kreditkartenzahlung

- Verzichte auf Darlehen oder Kredite

- Vergleiche Preise

- Analysiere deine „Schuldenfallen" und beseitige sie

- Kündige überteuerte oder unnötige Verträge

- Achte darauf, dass dein Konto stets im Plus bleibt

- Beginne zu sparen und bilde Rücklagen

45. Wie du eine Online-Überweisung erledigst

Für eine Online-Überweisung musst du dich nur auf der Website deiner Bank einloggen und die Position „Überweisung" anklicken. Schon erscheint ein Textfeld, in das du alle für dich und deine Überweisung relevanten Daten eintragen kannst. Am Ende bestätigst du die Durchführung der Überweisung mit der Eingabe einer TAN. Achte außerdem darauf, dass du keinen Zahlendreher einbaust – weder bei der IBAN noch beim Überweisungsbetrag selbst.

46. Wie du Kaffee kochst

Es ist früh am Morgen und du kommst mal wieder ganz schwer in die Gänge. Ein schöner, starker Filterkaffee ist jetzt genau das Richtige für dich und deine körperliche Beschaffenheit. Du kannst jetzt entweder ganz schnell zum nächsten Bäcker flitzen und dir dort einen Kaffee gönnen oder du schreitest als großer, kräftiger Mann selbst zur Tat. Filterkaffee Marke Eigenbau ist jetzt nicht sooo schwer, macht Eindruck bei Frauen und schont den Geldbeutel. Als Erstes schnappst du dir eine Filtertüte, faltest diese am Rand und gibst sie in den Filter deiner Kaffeemaschine. Dazu solltest du selbst nach einer durchzechten Nacht noch in der Lage sein. Kommen wir nun zum eigentlichen Hauptakteur: dem Kaffee! Ohne den geht nun wirklich gar nichts. Öffne deine Dose mit Kaffeepulver und gib etwas davon in den Kaffeefilter. Ein Kaffeelöffel entspricht dabei einer Kaffeetasse. Wenn du dein flüssiges Gold gerne etwas stärker haben möchtest, kannst du auch zwei Kaffeelöffel nehmen. Aber so wird dir dein Kaffee bestimmt noch nicht schmecken. Er muss zuerst aufgebrüht und gekocht werden. Gieße hierfür Wasser in das Fach der Kaffeemaschine. Die Markierungen am Rand zeigen an, wie viel Wasser du für deinen Kaffee benötigst. Jetzt musst du nur noch auf Start drücken.

47. Wie du Rührei zubereitest

Kaffee macht zwar wach und glücklich, hilft aber nicht gegen das morgendliche Hungergefühl im Magen. Du als echter Mann brauchst morgens schon einmal etwas Handfestes. Da kommt ein Rührei genau richtig. Es schmeckt gut, stopft dein Loch im Magen und lässt sich ganz einfach zubereiten.

Die Zutaten

Damit dein Rührei auch gelingt, benötigst du in erster Linie die notwendigen Zutaten. Hierzu zählen Eier, Milch, Butter, Salz und Pfeffer. Die Anzahl richtet sich selbstverständlich nach der Menge an Rührei, die du kochen möchtest. Hast du großen Hunger oder vielleicht sogar Besuch? Dann solltest du mehr nehmen.

Die Zubereitung

Die Zubereitung selbst ist denkbar simpel und kann selbst von einem Küchen-Anfänger erledigt werden. Als Erstes gibst du die Eier und die Milch in deine Schüssel und greifst zu einer Gabel. Alternativ kannst du auch einen Schneebesen verwenden. Damit verquirlst du die Zutaten zu einer glatten Masse, welcher du jetzt mit etwas Salz und Pfeffer den letzten Schliff verpassen kannst. Als Nächstes holst du dir eine Pfanne aus dem Regal, gibst die Butter hinein und machst dem Ganzen etwas Feuer unter dem Kessel. Wenn die Pfanne heiß genug ist, kannst du die Eimasse hinzugeben und vorsichtig, aber dauerhaft rühren. Das dauert auch nicht lange. Nach wenigen Minuten kannst du dich bereits über dein Rührei freuen.

Das Tuning

Beim Rührei sind dir keine Grenzen gesetzt. Die hier erklärte Zubereitung der Basis ist für dich als Feinschmecker sicherlich etwas fad und langweilig. Aber kein Problem. Du kannst dein Frühstück mit allen deinen Lieblingszutaten aufpimpen. Sehr gut eignen sich hierfür Kräuter, Käse, Speck, Pilze, Tomaten oder Lauch. Das ist doch mal ein genussvoller Start in den Tag.

48. Wie du Frühstücksspeck in der Pfanne zubereitest

Männer lieben Speck! Am besten zu jeder Tages- und Nachtzeit. Wie schön ist es deshalb, wenn man bereits mit Speck in den Tag starten kann? Gelobt sei der Frühstücksspeck. Mit nur ganz wenig Aufwand kannst auch du knusprigen Bacon für ein herzhaftes Männerfrühstück zaubern. „Wenn ich und mein Herd vollen Einsatz geben, dann hab ich früher meinen Bacon!" So denken viele Männer und drehen gleich zu Beginn voll auf. Das ist aber ein Irrtum. Du willst deinen Speck ja schön knusprig und nicht total verbrannt. Deshalb ist es praktischer, wenn der Herd auf mittlerer Flamme steht. So kann dein Bacon entspannt vor sich hin brutzeln, sein Fett verteilen und wunderbar knusprig werden. Erst wenn genug Fett ausgelaufen ist, hast du den optimalen Frühstücksspeck.

Fett ist ein Geschmacksträger. Deshalb verfeinern Männer ihre Speisen häufig mit einer Wagenladung an Fett. Bei Bacon ist das allerdings keine gute Idee. Dieses Gottesgeschenk an den Mann enthält bereits sehr viel Fett, welches geschmacklich absolut ausreicht. Der Frühstücksspeck sollte pur in die Pfanne gegeben werden. Fett oder Butter kannst du getrost im Schrank lassen. Eine beschichtete Pfanne ist allerdings wärmstens zu empfehlen. Ein Speckstückchen verwandelt sich nicht im Handumdrehen in eine knusprige Scheibe Bacon. Gib ihm etwas Zeit. Zehn Minuten wirst du dafür schon investieren müssen. Auch wenn dir das Wasser bereits im Mund zusammenläuft, solltest du nicht sofort in den Frühstücksspeck beißen. Lege ihn noch ein paar Minuten auf ein Küchentuch und lass das Fett weiter austreten. Dadurch wird er noch knuspriger. Bacon alleine macht noch kein vollwertiges Frühstück. In etwas Rührei macht er allerdings eine sehr gute Figur.

49. Wie du Nudeln kochst

Nudeln gehen immer. Sie sind preiswert, lassen sich schnell zubereiten und eignen sich hervorragend als leckere und sättigende Mahlzeit. Außerdem sind Nudeln sehr wandlungsfähig. Sie können mit sehr vielen Saucen und Zutaten kombiniert werden. Du als Gentleman solltest deshalb immer ein Paket Nudeln auf Vorrat im Haus haben.

Nudeln machen ist auch kochen!

Die erste Zeit weg vom Hotel Mama. Das kann für Männer ein harter Schlag sein. Wenn du nicht jeden Abend dein gutes Geld in den Pizzaboten investieren möchtest, musst du dich schon selbst an den Herd stellen. Keine Sorge! Ein paar Nudeln wirst du schon noch zusammenbekommen. Hierfür benötigst du lediglich 1 l Wasser, 100 g Nudeln sowie etwas Salz. Gib die Nudeln jetzt bitte in einen Topf mit sprudelnd kochendem Wasser. Jetzt ist es Zeit, das Ganze mit etwas Salz zu verfeinern. Während die Nudeln vor sich hin köcheln, solltest du sie nicht außer Acht lassen. Auch Nudeln brauchen Liebe und Aufmerksamkeit. Du solltest sie hin und wieder umrühren. Dadurch pappen sie nicht aneinander und garen besser. Die Zeit solltest du allerdings auch etwas im Hinterkopf behalten. Nach ungefähr 10 Minuten sind deine Nudeln fertig. Nähere Informationen findest du aber auf der Verpackung.

Die Begleiter der Nudel

Nudeln alleine schmecken eher suboptimal. Richtig lecker werden sie mit den richtigen Zutaten oder einer guten Sauce. Die von dir soeben zubereiteten Nudeln kannst du als Basis für einen Auflauf verwenden.

50. Wie du Kartoffelbrei machst

Futtern wie bei Muttern! Du vermisst die traditionellen Sonntagsessen? Das verstehen wir. Insbesondere Mamas Braten mit Kartoffelbrei ist unschlagbar. Eine Mischung aus dem Tütchen kommt da nicht ran. Mit einem schönen Kartoffelbrei als Beilage kannst du ganz schnell und einfach Heimatgefühle entstehen lassen und das Heimweh bekämpfen. Für einen appetitlichen Kartoffelbrei benötigst du lediglich Kartoffeln, Salz, Wasser, Milch und Muskatnuss. Die Zutaten können sich in ihren Bestandteilen natürlich je nach Rezept ändern. Ruf doch einfach mal wieder deine Mutter an und erkundige dich nach dem Rezept. Sie wird sich freuen.

Die Herangehensweise selbst ist auch nicht schwer. Du solltest als Erstes deine Kartoffeln waschen, schälen und kleinschneiden. Im Idealfall hast du bereits einen Topf mit Salzwasser vor dir stehen. Da kommen jetzt deine Kartoffelstücke hinein und werden für ungefähr 20 Minuten zum Kochen gebracht. Nach Abschluss der Zeit kannst du das Wasser abgießen und die Kartoffeln für wenige Minuten abkühlen lassen. Wohl dem, der jetzt eine Kartoffelpresse oder einen Kartoffelstampfer hat. Diese Helferlein können gute Dienste leisten. Sie verwandeln deine Kartoffeln in eine Masse, welche du unverzüglich in einen Topf geben kannst. Dort kannst du sie mit heißer Milch und Butter verfeinern und so lange umrühren, bis eine schaumige Creme entstanden ist. Noch etwas salzen und mit Muskatnuss würzen und … Voilà! Dein erster eigener Kartoffelbrei. Der schmeckt bestimmt vorzüglich zu Fleischgerichten oder Würstchen.

51. Wie du ein Hähnchen im Ofen zubereitest

Jetzt stehst du da mit deinem Kartoffelbrei. Du kannst ihn zwar pur essen, dann wird das alles allerdings eine etwas eintönige Angelegenheit. Wenn du jetzt nur ein schönes, saftiges Brathähnchen aus dem Ofen hättest. Kannst du haben. Du musst es nur zubereiten. Aber für einen Mann wie dich dürfte das ja kein Problem sein.

Ran an das Hähnchen!

Für ein Ofen-Hähnchen brauchst du, oh welch Überraschung, ein Hähnchen, etwas Olivenöl, Knoblauch sowie ein paar Kräuter und Zutaten zum Verfeinern. Diese kannst du ganz nach Rezept und Geschmack gestalten. Sehr gut auf einem Hähnchen machen sich Paprikapulver, Thymian und Honig. Salz und Pfeffer dürfen natürlich auch nicht fehlen.

Die Zubereitung

Zu Beginn solltest du das Hähnchen sehr gut von allen Seiten waschen und gut abtrocknen. Auch dem Innenleben solltest du hierbei Beachtung schenken. Da ein „pures" Hähnchen längst nicht so der Knaller ist, kommen wir nun zum Feinschliff. Ein gutes Hähnchen steht und fällt mit seiner Marinade. Hierfür gibst du etwas Olivenöl, Paprikapulver, Thymian, Honig, Salz und Pfeffer in eine Schüssel und verrührst die Zutaten. Diese sind natürlich variabel. Wichtig ist lediglich, dass die Marinade die richtige Konsistenz hat und dir schmeckt. Du musst damit nämlich im nächsten Schritt dein Hähnchen gut bepinseln. Auch hier solltest du den Innenraum nicht vernachlässigen. Dein Hähnchen kann sich ja nicht mehr beschweren. Das marinierte Federvieh kommt jetzt zusammen mit ein paar Knoblauchzehen in einen Bräter und wird mit etwas Wasser (100 ml) übergossen. Los geht die Hähnchen-Sauna. Lasse das Tier für ungefähr 85 Minuten bei 180 Grad Celsius im Backofen garen. Hin und wieder kannst du mal nach dem Rechten sehen und etwas Bratflüssigkeit über das Hähnchen gießen. Wenn nach dem Einschneiden ein klarer Saft aus dem Fleisch tropft, ist es durch. Du kannst es jetzt zusammen mit deinem Kartoffelbrei auf Teller verteilen und ein wunderbares Mahl genießen.

52. Wie du drinnen ein Steak grillst

Nichts ist männlicher als ein schönes gepflegtes Barbecue. Im Winter oder bei einer kleinen Wohnung ohne Garten oder Balkon musst du häufig darauf verzichten. Aber was wäre ein Mann ohne sein Steak? Mit etwas Glück kannst du deine „Fleischeslust" auch in der Wohnung stillen. Du kannst jetzt selbstverständlich nicht deinen heißgeliebten Holzkohlegrill aus deinem Garten in deine Wohnung verfrachten. Das wird wohl oder übel dein Vermieter, falls du einen hast, nicht gutheißen. Grillen in geschlossenen Räumen ist also keine gute Idee. Man denke nur an das Feuer oder die damit verbundene Rauchentwicklung. Aber es gibt dennoch eine Lösung. Das Zauberwort heißt „Tischgrill" oder auch „Kontaktgrill". Auf diesem kleinen, aber feinen Helferlein lassen sich selbst in den eigenen vier Wänden schmackhafte Steaks zubereiten. Du musst dir dafür lediglich ein geeignetes Rezept überlegen und die Fleischstücke auf den Tischgrill packen. Dank seiner hohen Leistung, seiner dicken Grillplatte sowie seinem integrierten Grillthermostat ist „Grillen" in der eigenen Küche jetzt sogar realisierbar. Alternativ kannst du dein Steak ja auch in der Pfanne, im Ofen oder in der Heißluftfritteuse zubereiten.

53. Wie du einen Kohlegrill anmachst

Es gibt sie noch! Die echten Männer mit Hang zur Tradition. Diese halten dem Holzkohlegrill standhaft die Treue. Kannst auch du dich nicht von deinem Kohlegrill trennen? Dann solltest du den auch richtig anwenden können. Ansonsten wird das mit den Grillspezialitäten nichts! Vor den eigentlichen Zutaten kommt die Kohle in den Grill. Diese sollte jeweils in zwei Etappen aufgeschichtet werden. Die erste Schicht sollte dabei wie eine Pyramide aussehen. Bitte nicht übertreiben! Je weniger Kohle, desto besser. „Ich habe Feuer gemacht!" Mit dem geeigneten Grillanzünder ist das auch denkbar einfach. Männer schwören hierbei auf flüssige Grillanzünder. Diese sorgen zwar schnell für ein ordentliches Feuer, sollten aber vorsichtig angewandt werden. Gib den Grillanzünder einfach über die Kohle, warte ungefähr eine halbe Stunde und entzünde ihn mit einem Streichholz. Jetzt kannst du die zweite Schicht Kohle auf den Grill geben. Wenn du meinst, dass es so weit ist, kannst du dein Grillgut auf dem Grill verteilen.

54. Wie du Fisch grillst

Es muss nicht immer Fleisch sein. Ein Fisch kann deine kulinarischen Gelüste ebenso befriedigen. Wenn er richtig zubereitet ist, kann ein Fisch vom Grill ein regelrechter Gaumenschmaus sein. Beim Fischgrillen bist du nicht an ein Rezept gebunden. Du kannst frei zwischen unzähligen Rezepten wählen oder auch selbst welche erfinden. Insbesondere Lachs, Dorade oder Forelle sind optimale Grillfische. Wichtig dabei ist nur, dass der Fisch im Ganzen auf dem Grill landen sollte. Je kleiner die Fischstückchen, desto schwieriger wird es.

So klappt das mit dem Fisch!

Falls noch nicht geschehen, solltest du deinen Fisch vor der weiteren Verarbeitung ausnehmen und entschuppen. Damit dein Fisch auch nicht so fade schmeckt, solltest du ihn vor der Zubereitung bereits würzen und „pimpen". Hierfür eignen sich Knoblauch, Dill, Pfeffer und Zitrone. Auch eine Marinade kann den Geschmack deines Fisches deutlich verbessern. Das kostet allerdings etwas Zeit: Der Fisch sollte mindestens 3 Stunden ziehen. Beim Marinieren ist es ratsam, den Fisch zuvor einmal einzuschneiden. Das verleiht ihm eine besondere geschmackliche Note. Der Fisch ist nun bereit für seinen großen Auftritt. Nachdem du deinen Grill vorbereitet hast, kannst du den Fisch ganz oben auf die höchste Stufe legen und nur hin und wieder wenden. Wenn du ihn hierbei in eine Grillzange packst, bekommst du keine schmutzigen Finger und verbrennst dich nicht. Je nach Fisch- und Grillart ist deine Delikatesse bereits nach 10 Minuten fertig und kann mit einem leckeren Baguette und einem schönen Glas Weißwein genossen werden.

55. Wie du einen Fisch ausnimmst

Häufig bekommst du deinen Fisch frisch aus dem Tiefkühlregal oder der Fischtheke. Dieses Prachtexemplar ist dann nicht nur tot, sondern auch schon ausgenommen. Aber nicht immer hast du so ein Glück. Nach dem Angeln zum Beispiel musst du deinen Fisch nicht selten selbst ausnehmen. Das ist echte Männerarbeit. Wir zeigen dir hier, wie das geht:

- Ziehe den toten Fisch am Bauch auseinander

- Entferne die Eingeweide in Richtung der Schwanzflosse

- Niere, falls vorhanden, an der Wirbelsäule mit einem Löffel entfernen

- Fisch abspülen und die Bauchhöhle reinigen

56. Wie du ein Küchenmesser schärfst

Was wäre ein Mann ohne sein Messer? Ein Messerblock mit Küchenmessern ist Pflicht. Aber auch das beste Messer bringt dir nichts, wenn es nicht scharf ist. Deshalb solltest du deine Messer regelmäßig schärfen. Das ist echte Männerarbeit.

Die Qual der Wahl beim Messerschärfer

Nicht jedes Messer ist gleich und benötigt deshalb unterschiedliche Messerschärfer. Das sollte aber kein Problem sein. Man unterscheidet unter anderem zwischen dem klassischen Messerschärfer, dem Wetzstein, und dem mit Wetzstahl. Da letztgenannte Option sehr häufig Anwendung findet, möchten wir uns hier darauf konzentrieren. Du hast einen Messerschärfer aus Wetzstahl und möchtest deine Küchenmesser schärfen. Dann los! Das Schleifen mit dem Wetzstahl gestaltet sich allerdings zuerst als etwas schwierig. Keine Sorge! Es ist noch kein Meister vom Himmel gefallen. Nach ein paar Versuchen hast du den Bogen raus. Wichtig ist, dass du stets einen Winkel von 20 Grad hast und diesen nicht veränderst. Platziere hierfür deinen Wetzstahl auf einem Tisch. Die Spitze sollte dabei nach unten zeigen. Lege jetzt dein Messer an den Wetzstahl und führe es entlang. Du solltest dabei eine Bewegung nach unten vornehmen. Jede Messerseite sollte abwechselnd ungefähr 10-mal geschärft werden.

57. Wie du Hummus selber machen kannst

In deiner Küche darf mal wieder ein fremder Wind herrschen? Dann ist Hummus genau das Richtige für dich. Die leckere Vorspeise aus dem arabischen Raum ist leicht, bekömmlich, vielfältig kombinierbar und lässt sich schnell zubereiten.

DAS Hummus-Rezept gibt es nicht. Du kannst es beliebig deinen geschmacklichen Vorlieben anpassen. Den Anfang macht allerdings ein simples Basisrezept. Hierfür benötigst du Kichererbsen, Knoblauchzehen, Olivenöl, Sesammus, Salz, Pfeffer und Kreuzkümmel. Jetzt bist du gefragt. Mit unterschiedlichen Gewürzen oder Kräutern verleihst du deinem Hummus eine unverwechselbare Note. Für die Zubereitung musst du kein Künstler am Herd sein. Gib deine Kichererbsen in ein Sieb und lasse sie für wenige Minuten trocknen. Bei getrockneten Kichererbsen musst du etwas Zeit investieren. Diese müssen über Nacht in Wasser einweichen. Zerkleinere als Nächstes den Knoblauch und gib ihn zusammen mit den restlichen Zutaten in ein Schälchen. Einsatz Stabmixer: Greife zu deinem

Hand- oder Küchenmixer und verwandle die Zutaten in ein Püree. Dein Dip ist jetzt fertig und kann mit etwas Fladenbrot oder ein paar Falafeln serviert werden. Wenn du auch optisch glänzen möchtest, kannst du den Hummus noch mit etwas Petersilie garnieren.

58. Wie du einen Pfannkuchen in der Luft wenden kannst

Einen leckeren Pfannkuchen zu machen, ist ja schon einmal ein toller Anfang. Ihn aber dann auch noch in der Luft zu wenden, das schaffen nur echte Männer. Dabei ist das gar nicht so schwierig. Du musst lediglich die noch unfertige Teigmasse sanft mit einer Gabel lösen und den Pfannkuchen gekonnt anheben und in der Luft drehen. Alternativ, wenn du schon etwas geübter bist, kannst du deinen Pfannkuchen auch in der Pfanne schwenken.

59. Wie du Cocktails mixt

Ein wahrer Gentleman trinkt nicht nur Bier. Er genießt auch hin und wieder einen Cocktail. Am besten ist es, wenn er ihn auch noch selbst zubereiten kann. Hierfür benötigst du als trinkfester Kerl zuerst einmal das nötige Equipment. Dazu zählen ein Shaker, ein Mixglas, Cocktailgläser, ein Messbecher und natürlich die nötigen Zutaten für den Cocktail deiner Wahl. Die Zubereitung eines Cocktails selbst ist nicht schwierig. Du solltest allerdings wissen, dass es unzählige Cocktails gibt, die sich alle anders zubereiten lassen. Nähere Informationen dazu findest du aber immer in dem entsprechenden Rezept. Als Beispiel nehmen wir jetzt einfach einmal einen klassischen Mojito. Damit kannst du bei den Ladys immer Punkte sammeln. Du brauchst hierfür eine Limette, etwas Minze, ein wenig Rum, etwas Crushed Ice sowie ein wenig Rohrzucker. Wasche die Limette unter lauwarmem Wasser ab und schneide sie in Spalten. Auch die Minze sollte zerkleinert werden. Verteile die Limette auf die Gläser, gib etwas Rohrzucker hinzu und zerdrücke die Zutaten ganz leicht. Fülle alles jetzt mit ein wenig Rum (5 cl) auf und gib die Minzblätter hinzu. Als Letztes befüllst du die Gläser mit Crushed Ice und Sodawasser und rührst die Zutaten vorsichtig um. Fertig!

60. Wie du mit Stäbchen isst

Du möchtest mit deiner Partnerin asiatisch essen gehen? Wie cool wäre es dann, wenn du auch mit Stäbchen essen könntest? Hier ein kleiner Crashkurs.

- Nimm ein Stäbchen zwischen Daumen und Zeigefinger und lege es auf dem Ringfinger ab

- Führe Stäbchen 2 zum Mittelfinger und lege es auf diesem ab.

- Halte die Stäbchen mit dem Daumen

- Bewege das zweite Stäbchen mit dem Daumen- und dem Mittelfinger

61. Wie du Zwiebeln schneidest

Echte Männer weinen nicht … Außer vielleicht beim Zwiebeln schneiden. Zwiebeln schneiden ist immer ein emotionaler Akt. Wir zeigen dir hier, wie es auch ganz ohne Tränen geht:

• Feuchte Zwiebeln führen zu weniger Tränen

• Scharfe Messer sind besser

• Im Sitzen schneiden, um Dämpfe zu reduzieren

• Schutzbrille anlegen

62. Wie du einen Tisch deckst

Das Auge isst ja bekanntlich mit. Du möchtest deiner Familie oder deinen Freunden einmal wieder etwas Gutes tun und für sie kochen? Mit dem Essen alleine ist es dabei allerdings noch nicht getan. Um richtig Eindruck zu schinden, sollte auch der Tisch optimal gedeckt sein. Das Essen steht, oh welch Überraschung, bei diesem Anlass im Mittelpunkt. Da ein Gericht ja bekanntlich auf einem Teller serviert wird, sollte auch dieser im Zentrum stehen. Je nach Menü solltest du einen tiefen oder einen flachen Teller verwenden. Bei mehreren Gängen empfehlen sich mehrere Teller.

Deine Gäste sind weder Barbaren noch Höhlenmenschen. Sie werden nicht mit den Fingern essen. Deshalb solltest du neben den Tellern das Besteck platzieren. Hierbei ist eine strikte Reihenfolge einzuhalten. Man ist von außen nach innen. Das Besteck für die Vorspeise liegt also ganz außen, das für den Nachtisch ganz innen. Darüber hinaus befinden sich die Gabeln immer links vom Teller, während die Messer oder die Suppenlöffel rechts vom Teller anzuordnen sind. Du möchtest deinen Gästen doch bestimmt auch etwas zu trinken anbieten. Die Gläser solltest du rechts oberhalb der Messer eindecken. Wenn du dir richtig Mühe geben möchtest, dann solltest du auch Servietten, Blumen oder Kerzen auf den Tisch bringen. Die Servietten legst du dabei bitte auf den obersten Teller oder rechts unter das Besteck. Kerzen oder Blumen können beliebig auf dem Tisch verteilt werden.

Im Folgenden findest du noch mal eine kurze Zusammenfassung:

- Stelle den Teller mit dem Essen in den Mittelpunkt

- Lege das Besteck neben die Teller

- Achte dabei bitte auf die Reihenfolge, man isst von außen nach innen

- Platziere das Glas rechts oberhalb des Messers

- Garniere den obersten Teller mit einer Serviette

- Verteile Deko (Blumen, Kerzen) auf dem Tisch

63. Wie du ein Badezimmer putzt

Dein Badezimmer ist mal wieder siffig und sieht aus wie Sau? Da hilft alles nichts. Du musst deinen inneren Schweinehund überwinden und putzen. Neben sehr viel gutem Willen und einer Handvoll Motivation benötigst du verschiedene Putzmittel, Reiniger, Putzlappen sowie Gummihandschuhe und Müllbeutel.

Räume dein Badezimmer aus

Es bringt nichts, wenn du ganz zaghaft und vorsichtig um Duschgel, Rasierzeug und Co. herumwischst. Damit kratzt du nur an der Oberfläche. Für eine Grundreinigung Güteklasse A kommst du nicht darum herum, das Badezimmer komplett leerzuräumen. Im Idealfall staubst du die jeweiligen Utensilien gleich mit ab oder reinigst sie. Wenn du schon einmal dabei bist, ist das jetzt der ideale Zeitpunkt, um den Badezimmermüll zu entleeren, alte, leere oder unnötige Artikel auszumisten und die Duschmatte sowie die Handtücher und Waschlappen in die Waschmaschine zu befördern. Auch die Toilette hat es mal wieder nötig. Gib etwas WC-Reiniger hinein. Das dauert nicht lange und tut auch nicht weh.

Schwinge den Staubwedel!

Als Nächstes solltest du dem Staub zu Leibe rücken. Schnappe dir ein Mikrofasertuch oder einen Staubwedel und walte deines Amtes. Vergiss dabei bitte auch die Türkanten und die Heizung nicht.

Drehe eine Runde mit dem Staubsauger!

Der Staub hat sich jetzt verflüchtigt. Höchste Zeit, den Staubsauger in Aktion treten zu lassen. Bewaffne dich mit deinem Staubsauger und sauge gründlich über den Badezimmerboden. Dieser sollte ja jetzt frei von Hindernissen sein.

Verpasse Dusche und Badewanne eine Schönheitskur!

Auf ins Gefecht. Je früher du dich Dusche und Badewanne zuwendest, desto schneller hast du es hinter dir. Befreie die Bereiche von Kalkablagerungen und Seifenresten und reinige einmal wieder ausgiebig den Abfluss. Das hört sich jetzt sehr anstrengend und ekelhaft an, muss aber von Zeit zu Zeit gemacht werden.

Werde zum Tiefseetaucher in der Toilette!

Die unschönen Arbeiten reißen einfach nicht ab. Nach der Dusche und der Badewanne ist wieder die Toilette dran. Da kommt doch Freude auf. Der Reiniger dürfte inzwischen seinen Job erledigt haben. Zeit für den Feinschliff. Schnappe dir deine Klobürste und schrubbe die Schüssel porentief rein. Dabei solltest du auch die unzugänglichen Stellen und die Ränder nicht vernachlässigen. Auch dem Klodeckel, dem Sitz und den Halterungen solltest du Beachtung schenken.

Sorge für klare Sicht im Spiegel!

Spieglein, Spieglein an der Wand. Auch dein Badezimmerspiegel hat es mal wieder bitter nötig. Besprühe ihn mit etwas Glasreiniger und ziehe diesen dann sofort wieder ab. Dabei solltest du stets in eine Richtung putzen. Das verhindert Schlieren und sorgt für ein streifenfreies Spiegelbild.

Reinige das Becken!

Wenn du schon einmal vor dem Spiegel stehst, ist es nicht mehr weit bis zum Waschbecken. Dieses kannst du jetzt ebenfalls grundreinigen. Das Becken selbst und der Wasserhahn haben es bestimmt mal wieder bitter nötig.

Bringe die Badartikel zurück ins Bad und räume sie ein!

Da du deine Badezimmerartikel nicht einfach im Flur lagern kannst, solltest du jetzt als letzten Schritt alles wieder fein säuberlich und ordentlich an seinen Platz bringen und einsortieren.

64. Wie du ein Bett beziehst

Nichts ist schöner als ein warmes, weiches und wohlriechendes Bett. Damit du dich immer mit Genuss in die Heia kuscheln kannst, solltest du dein Bett regelmäßig frisch beziehen. Diese Aufgabe löst bei niemandem Begeisterungsstürme aus. Das Bettzeug kommt selbstverständlich nicht komplett in die Maschine. Vor dem Waschvorgang solltest du Bettdecke, Kopfkissen und Bettlaken abziehen. Während die Bettwäsche gereinigt wird, kannst du die Bettdecke und das Kopfkissen einmal gut durchlüften. Das war noch einfach. Jetzt kommt der schwierigere Part. Du musst das Bett frisch beziehen. Beginne hierbei mit dem Laken. Lege hierfür das Laken über die Matratze, spanne es über alle vier Ecken und ziehe es straff. Als Nächstes widmest du dich Bettdecke und Kopfkissen. Drehe hierfür die Bettwäsche auf links, greife hinein und umfasse die beiden Enden. Stülpe jetzt die Bettwäsche über Decke und Kopfkissen und lege alles ordentlich auf deinem Bett zusammen.

65. Wie du Wäsche wäschst

Wäsche waschen ist doch Frauenarbeit! Eine solche Äußerung kann ganz schnell zu einer schallenden Ohrfeige führen. Nur ein primitives Männchen aus der Steinzeit argumentiert noch so. Du als selbstständiger Mann von Welt wäschst deine Wäsche selbstverständlich selbst. Wäsche waschen ist jetzt nicht sooo schwer.

Farbentrennung

Als Erstes schaust du dir deinen Wäscheberg einmal genauer an und machst mehrere Stapel. Weißwäsche sollte nicht zusammen mit Buntwäsche gewaschen werden. Dein heißgeliebtes weißes Shirt könnte ansonsten einen unliebsamen Farbstich bekommen. Kleidung mit intensiven Farben sollte separat gewaschen werden.

Sonderbehandlung für besondere Stoffe

Hast du vielleicht das ein oder andere edlere Stöffchen, dann solltest du das besser zur Seite legen. Es ist gut möglich, dass sich einige deiner Pullis und Hemden aufgrund ihrer Materialbeschaffenheit nicht für die Maschine eignen. Diese sollten mit der Hand gewaschen werden.

Die Qual der Wahl bei den Wäscheprogrammen

Dreckwäsche in die Maschine schmeißen und auf Start drücken. So einfach ist das manchmal nicht. Du als Hausmann kannst zwischen verschiedenen Waschprogrammen wählen. Zur Auswahl stehen Bunt- und Kochwäsche, Pflegeleicht, Feinwäsche sowie Wolle und Handwäsche. Für deine reguläre Wäsche reicht im Regelfall ein pflegeleichtes Waschprogramm zwischen 30 und 60 Grad Celsius. Edle Hemden, Jacken oder Blazer solltest du, wenn sie dir lieb und teuer sind, im Feinwaschgang waschen.

Welches Waschmittel nehme ich denn?

Nicht nur beim Waschprogramm, auch beim Waschmittel kannst du gehörig daneben greifen. Für deine Alltagswäsche verwendest du im Normalfall ein Universal- oder Buntwaschmittel. Deinen Seidenhemden tust du damit aber keinen Gefallen. Für edlere Klamotten empfiehlt sich ein entsprechendes Woll- oder Feinwaschmittel.

Handwäsche

Ganz sensible Materialien wäschst du am besten mit der Hand. Hierfür lässt du etwas lauwarmes Wasser in ein Waschbecken laufen, fügst vorsichtig ein wenig Waschmittel („Rei in der Tube" – nein, hier wirklich „Rei in der Tube" als Markenname) hinzu und gibst das Objekt der Begierde ebenso vorsichtig hinein. Jetzt reibst du das Kleidungsstück so lange aneinander, bis von der Verunreinigung nichts mehr zu sehen und vom schlechten Geruch nichts mehr zu riechen ist.

66. Wie du deine Wäsche bügelst

Manchmal fährst auch du ein ganz heißes Eisen. Immer dann, wenn du deine Wäsche bügelst. Wäsche bügeln hört sich zuerst einfach an, ist aber auch eine Kunst für sich. Insbesondere beim Bügeln von Shirts, Hemden oder auch Bettwäsche kann man viel falsch machen. Grundsätzlich ist es natürlich wichtig, dass du die Temperatur deines Bügeleisens an den jeweiligen Stoff anpasst. Baumwolle kann in der Regel mit hohen Temperaturen gebügelt werden. Bei hitzeempfindlichen Stoffen wie Seide oder Polyester schaut es da schon etwas anders aus. Grundsätzlich solltest du immer mit der Innenseite des jeweiligen Kleidungsstücks beginnen. Richte es dir auf deinem Bügelbrett so an, dass es möglichst gespannt ist. Rücke dem Kleidungsstück nun mit dem Bügeleisen auf die Pelle. Die Bügelbewegung ist hierbei stets von oben nach unten. Grundsätzlich solltest du darauf achten, immer in eine Richtung zu bügeln und nicht kreuz und quer. Um Falten glatt zu bügeln, solltest du diese zunächst auch glatt ziehen und dann mit dem Bügeleisen drüberfahren. Probiere es einfach mal aus. Hier macht Übung den Meister.

67. Wie du ein Hemd bügelst

Als wahrer Gentleman kannst du natürlich nicht nur in verwaschenen Jeans oder ausgeleierten T-Shirts herumlaufen. Das hinterlässt nicht wirklich Eindruck. Als echter Mann solltest du hin und wieder auch ein Hemd tragen. Wenn dieses allerdings nicht korrekt gebügelt ist, nützt dir selbst das beste Hemd nichts. Hierfür solltest du aber nicht immer zu Mami laufen. Der selbstbewusste Mann von heute bügelt seine Hemden selbst. Faltenfrei versteht sich. Das ist auch ganz einfach.

Bügelbrett aufbauen

Als Erstes baust du das Bügelbrett auf und stellst dir dein Bügeleisen griffbereit hin. Dein Hemd sollte inzwischen trocken sein und muss nicht länger im Trockner oder auf der Wäscheleine verweilen. Das frisch gewaschene Hemd wandert jetzt direkt auf das Bügelbrett. Sollte es inzwischen zu trocken sein, kannst du es gerne etwas einsprühen. So erleichterst du dir deine Arbeit und vermeidest unliebsame Flecken.

Bügeleisen marsch

Und los geht der schöne Bügelspaß. Bevor du mit den großen Flächen in die Vollen gehst, solltest du dich zuerst den eher unscheinbaren Hemdpartien zuwenden. Hierzu zählen der Kragen, die Manschetten oder die Knopfleiste. Wenn du diese zuerst bügelst, wird dein Hemd danach nicht wieder unliebsame Falten schlagen. Danach kannst du dir die Ärmel sowie die Vorder- und Rückseite des Hemdes vornehmen. Mit dem Bügeln alleine ist es leider noch nicht getan. Auch bei dieser Arbeit gibt es vereinzelte Dinge zu berücksichtigen. Da wäre zum Beispiel die Bügeltemperatur. Diese sollte nicht zu kalt und auch nicht zu warm sein. Die jeweilige Bügeltemperatur richtet sich dabei nach dem Material des Hemdes. Baumwolle kann und darf gerne volle Pulle gebügelt werden. Bei Kunstfasern hingegen könnte dieses „Vollgas" unschöne Brandflecken im Hemd hinterlassen.

Wenden wir uns jetzt den jeweiligen Partien zu. Den Hemdkragen solltest du vor dem Bügelprozess zusammenklappen. Setze jetzt dein Bügeleisen in der Mitte an und führe es vorsichtig hinaus zu den jeweiligen Enden. Feinschliff bitte nicht vergessen. Das dauert zwar ein bis zwei Minuten länger, aber es verhindert die Entstehung von Falten. Drehe nun dein Hemd um und wiederhole den Vorgang auf der Rückseite. Auch Manschetten brauchen hin und wieder etwas Beachtung. Diese solltest du beim Bügelvorgang nicht außer Acht lassen. Manschetten werden im Regelfall von innen gebügelt. Hierfür solltest du den Ärmel deines Hemdes flach auf das Bügelbrett legen und der Länge nach über die Innenseite bügeln.

Neben den Manschetten sollte auch die Knopfleiste gebügelt werden. Diese wird von links gebügelt. Wenn du deine Hemdknöpfe nicht verlieren möchtest, dann solltest du vorsichtig von unten nach oben bügeln. Vorder- und Rückseite des Hemdes können großflächig gebügelt werden. Da musst du lediglich darauf achten, dass du keine Knitterfalten machst. Auch bei den Ärmeln solltest du auf sichtbare Falten verzichten. Wenn du möchtest, darfst du allerdings in der Ärmelpartie eine Bügelfalte „einbauen".

Nach dem Bügeln solltest du dein Hemd sofort knitterfrei zusammenlegen oder aufhängen. Wenn du zur ganz faulen Truppe gehörst, kannst du dir auch spezielle knitterfreie Hemden kaufen. Durch diese Hemden erleichterst du dir das Bügeln oder sparst es sogar ganz ein.

Im Folgenden eine kurze Zusammenfassung:

- Baue Bügelbrett und Bügeleisen auf

- Lege das Hemd auf das Bügelbrett und sprühe es bei Bedarf ein

- Wende dich zuerst Kragen, Manschetten und Knopfleiste zu

- Bügle jetzt Ärmel sowie Vorder- und Rückseite

- Achte dabei stets auf die Bügeltemperatur

- Klappe den Hemdkragen ein und bügle ihn vorsichtig von der Mitte nach außen

- Lege den Hemdärmel flach auf das Bügelbrett und bügle die Manschetten von innen

- Wende dich ganz vorsichtig der Knopfleiste zu

- Bei Vorder- und Rückseite des Hemdes kannst du großflächig bügeln

- Bügle die Ärmel faltenfrei

- Lege das Hemd knitterfrei zusammen und verstaue es im Schrank.

68. Wie du ein Hemd faltest

Du bist jetzt ein junger Gentleman und kein pubertierender Halbstarker mehr. Das sollte sich auch in deiner Kleidung bemerkbar machen. Schlabberige Shirts und zerknitterte Hemden sind nun wirklich kein Aushängeschild für den kultivierten Mann von heute. Achte bitte darauf, dass dein Hemd stets frisch gewaschen und knitterfrei ist. Bügeln ist hierbei nur die halbe Miete. Du musst das Hemd auch richtig zusammenfalten. Ansonsten bringt dir selbst die beste Bügeltechnik nichts. Wir zeigen dir, wie du dir ganz ohne Hotel Mama zu einem faltenfreien Hemd verhilfst.

- Knöpfe das Hemd zu und lege es auf eine ebene und saubere Oberfläche

- Streiche das Hemd glatt und ziehe es etwas lang

- Klappe die reichte Seite zu einem Drittel ein

- Klappe die Ärmel vorsichtig zurück

- Wiederhole den Vorgang auf der anderen Seite

- Streiche das Hemd glatt nach oben

- Räume das Hemd in deinen Kleiderschrank

69. Wie du Hosen bügelst

Ein knitterfreies Hemd ist zwar schon einmal ein guter Anfang, allerdings sollte auch deine Hose frei von Falten sein. Es zählt das Gesamtkunstwerk. Beim Bügeln deiner Hosen gehst du ähnlich vor wie bei deinen Hemden.

- Bereite Bügelbrett und Bügeleisen vor.

- Besprühe die Hose mit etwas Wasser

- Schließe die Hosenknöpfe und den Reißverschluss

- Glätte Hosentaschen und Hosenbund

- Stülpe die Hose über das Bügelbrett

- Bügle die Hosenbeine knitterfrei

- Glätte die Innenseite vor der Außenseite

70. Wie du einen Knopf annähst

Du hast einmal wieder verschlafen, in Windeseile den Kaffee hinuntergestürzt und rennst hektisch aus dem Haus. Schließlich möchtest du nicht zu spät zur Arbeit kommen. Schon ist es wieder passiert. Du bleibst mit deiner Jacke am Türrahmen hängen und reißt dir einen Knopf ab. Das ist jetzt kein Grund zum Verzweifeln. Wenn du den Knopf aufbewahrst, kannst du ihn mit nur wenigen Handgriffen wieder annähen. Eine neue Jacke ist also gar nicht nötig.

Knopf annähen im Schnelldurchlauf

Für deine kleine, aber feine Näharbeit musst du kein zweiter Karl Lagerfeld sein. Du benötigst hierfür lediglich einen Knopf, etwas Garn, welches sich farblich nicht zu sehr abhebt, eine Nadel sowie eine Schere. Diese Utensilien sollten normalerweise in jedem gut geführten Haushalt zu finden sein. Und los geht das Nähprojekt. Als Erstes greifst du dir etwas Garn. Es ist hierbei von Vorteil, wenn der Faden eine ähnliche Farbe wie der Faden der restlichen Knöpfe aufweist. Sorge dafür, dass das Garn deiner Wahl auch robust ist. Ansonsten wird sich dein Knopf bald wieder selbstständig machen. Kommen wir jetzt zum eigentlichen Hauptakteur: dem Knopf! Entweder du hast Glück und findest den entsprechenden Knopf auf dem Fußboden. Oder du musst dir einen ähnlich aussehenden Knopf besorgen. In ganz speziellen Fällen wird bei deiner Jacke oder deinem Hemd sogar noch ein Ersatzknopf mitgeliefert. Nadeln gibt es wie Sand am Meer. Sie unterscheiden sich in Größe und Dicke. Je nach der Beschaffenheit deines Stoffes, solltest du dich für eine dickere oder eine dünnere Nadel entscheiden.

So und nicht anders!

Jetzt weißt du genau, was du brauchst, aber noch nicht, wie es gemacht wird. Das ist eigentlich ein Kinderspiel. Wenn du deinen Knopf verlierst, bleibt an eben besagter Stelle etwas Garn zurück. Diese Fadenreste wirst du nicht mehr brauchen. Du kannst sie getrost entfernen. Einfach rausreißen ist hier aber nicht der richtige Ansatz. Zum Heraustrennen der Naht empfiehlt sich eine kleine Schere. Gehe dabei bitte ganz vorsichtig und behutsam vor. Schließlich möchtest du das Kleidungsstück ja noch eine Weile tragen. Durchtrenne die Fäden ganz gemächlich. Du bist nicht auf der Flucht. Es ist ratsam, sich hierbei von den vorderen Fäden zu den hinteren durchzuarbeiten. Aber Vorsicht mit der Schere! Versuche, bei deinem Manöver den eigentlichen Stoff nicht zu beschädigen.

Im Anschluss daran nimmst du dein Garn in die Hand und schneidest ein gutes Stück ab. Hier ist Augenmaß gefragt. Der Faden sollte weder zu lang noch zu kurz sein. Was jetzt folgt, ist reine Friemelei. Du musst deinen Faden durch das Nadelöhr deiner Nadel fädeln. Das sollte am besten ohne Flüche und Wutanfälle geschehen. Wenn dir als Grobmotoriker das zu anstrengend ist, kannst du gerne auf einen sogenannten Einfädler zurückgreifen. Der erledigt den Großteil der Arbeit für dich.

Aufgabe abgeschlossen! Da du diesen Programmpunkt bestimmt nicht mehrfach wiederholen möchtest, solltest du jetzt einen kleinen Knoten an das Fadenende machen. Dieser Knoten ist Gold wert. Dick genug verhindert er, dass das Garn wieder aus der Öse flutscht. Zusätzlich dazu rutscht der Faden jetzt weder durch den Stoff noch durch den Knopf hindurch. Was will man mehr?

Die heiße Phase beginnt!

Bis jetzt war alles nur Vorbereitung, jetzt kommen wir zum eigentlichen Prozedere. Du nähst deinen Knopf wieder an. Das hört sich jetzt erst einmal einfach an, kann aber auch ganz schön heikel werden. Die tapferen Schneiderlein von heute unterscheiden zwischen einem Knopf mit zwei und einem mit vier Löchern. Bei einem Knopf mit zwei Löchern greifst du zu deiner Nadel und pikst von unten in die entsprechende Stelle an deiner Jacke, deinem Hemd oder deiner Hose. Im Anschluss daran ziehst du den

Faden durch das Nadelloch. Wenn du alles richtig gemacht hast, solltest du am Knoten einen Widerstand spüren. Als Nächstes führst du die Nadel durch das zweite Knopfloch und ziehst den Faden hinunter. Dann bringst du die Nadel in deine Wunschposition und nähst den Knopf durch den Stoff hindurch an. Sitzt, wackelt und hat Luft. Wenn dein Knopf fest auf deinem Kleidungsstück sitzt, beginnt das abschließende Vernähen. Zum krönenden Abschluss wendest du dein Nähprojekt und ziehst den Faden mehrmals fest. Jetzt müsste eigentlich nichts mehr passieren.

Der Knopf mit vier Löchern

Bei einem Knopf mit vier Löchern ist der Anfang identisch. Da du hier allerdings mehr Löcher hast, musst du auch in mehr Löcher stechen. Damit das Ganze am Ende auch nach was aussieht, sticht man stets in das darüber- oder darunterliegende Loch durch den Stoff hindurch. Der Rest ist wieder die altbekannte Leier wie bei dem Knopf mit den zwei Löchern.

71. Wie du eine Naht vernähst

Du wolltest das Geld für die Schneiderei sparen und hast dein Kleidungsstück schnell selbst ausgebessert? Top! Dann solltest du zu guter Letzt auch noch die Naht vernähen. Das ist ganz einfach. Fädle den Faden auf eine Nadel und gehe zum letzten Stich. Forme dort eine Schlaufe, stecke die Nadel hindurch und ziehe den Knoten fest. Wenn du möchtest, kannst du den Faden durch einen weiteren Knoten ziehen. Doppelt hält ja bekanntlich besser. Abschließend kannst du den überschüssigen Faden abschneiden.

72. Wie du deine Socken stopfst

Auch Männer verstehen sich auf Handarbeit. Um Streit mit der Partnerin zu vermeiden, solltest du deine Socken am besten selber stopfen. Das spart Geld und Ärger. Hierfür benötigst du lediglich Stopfgarn, eine Stopfnadel sowie ein Stopfei. Zu Beginn solltest du alle losen Fädchen von deinem Socken entfernen. Erst dann kannst du richtig arbeiten. Nun lässt du über dem Loch ein Netz aus waagerechten Fäden entstehen. Diese solltest du mit sogenannten Sicherungsstichen fixieren. Wenn von dem Loch nichts mehr zu sehen ist, kannst du Längsfäden einarbeiten. Diese werden über und unter die waagerechten Fäden gefädelt. Nachdem du Anfang und Ende gut vernäht hast, ist deine Socke gestopft und kann wieder getragen werden.

73. Wie du einen Fleck behandelst

Oh Schreck, ein Fleck. Flecken auf Kleidung oder Möbeln haben nichts mit Unachtsamkeit oder einem verlotterten Auftreten zu tun. Flecken passieren einfach. Schneller als gedacht ist das Malheur passiert, und ein deutlich sichtbarer Fleck prangt auf deinem Shirt, deinem Hemd, deiner Hose oder wo auch immer. Jetzt bloß die Nerven bewahren. Das ist nur ein Fleck. Den wirst du ganz schnell auch wieder los. Für jeden Fleckenteufel gibt es auch die richtige Behandlung.

Du hast dich irgendwo gekratzt oder geschnitten? Bereits aus der kleinsten Schramme kann sich ein unschöner Blutfleck entwickeln. Nicht mehr lange. Mit Wasser und Salzwasser rückst du dem Übeltäter auf die Pelle. Wasche den Spritzer mit etwas kaltem Wasser aus und gib ihn anschließend in eine Schüssel mit Salzwasser. Nachdem der Fleck gut eingeweicht ist, kannst du ihn erneut mit Wasser abwaschen.

Du hast dir einmal wieder ein exotisches Mahl gegönnt und jetzt prangt ein großer Curryfleck auf deinem Lieblingshemd? Das war's dann wohl. War es das wirklich wert? Keine Sorge! Curryreste kannst du mühelos aus deiner Kleidung entfernen. Du benötigst dafür lediglich Wasser und Spiritus. Alternativ kannst du die Überreste deines Mittagessens auch mit Glycerin oder Kölnisch Wasser behandeln. Für ein blütenweißes Hemd musst du jetzt lediglich den Fleck mit lauwarmem Wasser ausspülen und mit Spiritus einreiben. Das wirst du ja wohl noch schaffen.

Der Klassiker: Es ist warm oder du bist sehr aufgeregt und gerätst ins Schwitzen? Das ist schon unangenehm genug. Das Tüpfelchen auf dem i sind jetzt noch die unschönen Deoflecken. Was tun? Deoflecken verschwinden schneller, als sie entstehen. Du musst sie lediglich mit ein paar Tropfen Zitronensäure behandeln und diese anschließend auswaschen.

Ein schönes Steak ist doch etwas Feines. Wenn nur die Fettflecken in der Küche nicht wären. Die können einem den Appetit ganz schön verderben. Nicht mehr lange. Nach deinem opulenten Mahl greifst du einfach noch einmal schnell zum Spülmittel, träufelst ein paar Tropfen auf den Fleck, reibst diesen ein und wäschst alles wieder ab. Voilà! Der Fleck ist weg und deine Küche bereit für das nächste Fettbad.

Dein Date ist etwas ausgeartet und du hast den Lippenstift deiner Angebeteten an deinem Hemdkragen? Den kannst du jetzt als Trophäe tragen, oder ihn ganz einfach mit Glycerin entfernen. Hierfür musst du die Stelle lediglich einreiben und anschließend mit Wasser abwaschen. Ähnlich geht das auch mit Kaffee. Auch gegen kleine Kaffeeunfälle helfen Wasser und Glycerin. Jetzt aber hurtig: Rotwein macht sich auf der Kleidung gar nicht gut. Mit etwas Salz biegst du alles aber wieder gerade. Den Fleck ganz einfach mit etwas Salz bestreuen, einziehen lassen und waschen.

74. Wie du einen Backofen reinigst

Wo gehobelt wird, da fallen Späne. Der Backofen in der heimischen Küche wird nahezu täglich genutzt. Deshalb ist er auch häufig sehr verschmutzt und muss gereinigt werden. Ein simples Päckchen Backpulver kann dir dabei ein guter Begleiter sein. Für die Reinigung deines Backofens musst du nur ein Päckchen Backpulver und 3 EL Wasser in ein Schälchen geben und gut miteinander vermengen. Es sollte eine cremige Masse entstehen. Diese kannst du jetzt auf die verunreinigten Stellen auftragen und für ungefähr eine halbe Stunde einwirken lassen. Im Anschluss daran kannst du den Backofen mühelos auskehren oder auswaschen.

75. Wie du deine Fenster putzt

Voller Durchblick! Die Wohnung wirkt gleich sehr viel heller und freundlicher, wenn die Fenster ordentlich geputzt sind. Hierbei können dir die ein oder anderen Hausmittel gute Dienste leisten. Insbesondere Essig oder Zitronensaft sorgen für klare Sicht. Ein Spritzer davon ins Putzwasser und schon kann es losgehen. Bewaffne dich mit einem Handfeger, einem Schwamm, einem Abzieher sowie einem Mikrofasertuch und mach dich ans Werk. Das beste Equipment bringt dir allerdings nichts, wenn du nicht die richtige Technik beherrschst. Reinige erst Fensterrahmen und Fensterbrett, tauche anschließend deinen Schwamm in das Putzwasser und seife die Fenster damit ein. Greife nun zu deinem Abzieher und ziehe das Wasser in geraden Bahnen ab. Zu guter Letzt kannst du alles noch mit einem Mikrofasertuch streifenfrei polieren.

76. Wie du die Fritteuse reinigst

Jetzt kriegt sie ihr Fett weg! In regelmäßigen Abständen solltest du als Mann die Fritteuse reinigen. Alles andere wäre ekelhaft. Für eine schöne Portion Pommes investiert man gerne ein paar Minuten seiner Zeit. Als Erstes solltest du die Fritteuse vom Stromnetz nehmen, das kalte Fett entfernen und die Fritteuse auswaschen. Hierfür empfiehlt sich ein Küchentuch.

Als Nächstes gießt du Wasser und Spülmittel in deine Fritteuse und lässt alles für eine gewisse Zeit einwirken. Währenddessen kannst du die Wände deines Geräts mit einer Bürste reinigen und den lästigen Fettschmutz entfernen. Anschließend kippst du etwas Wasser und Essigessenz in dein Küchengerät und spülst es damit ordentlich aus. Damit auch keine Rückstände verbleiben, solltest du die Fritteuse danach mit Wasser ausspülen. Wohl dem, der jetzt eine Spülmaschine hat. Darin kannst du den Korb sowie den Deckel mühelos reinigen. Nachdem das Innere deiner Fritteuse wieder glänzt, hat auch die Außenseite eine Optimierung verdient. Hier sammelt sich sehr viel Fett. Mit einer Mischung aus Essigessenz und Wasser sagst du dem Fettfilm auf deiner Fritteuse den Kampf an.

77. Wie du die Gefriertruhe abtaust

Von Zeit zu Zeit musst du als Mann auch im Haus Einsatz zeigen und gewisse Dinge erledigen. Den Kühlschrank oder die Gefriertruhe abtauen gehören da auf jeden Fall dazu. Dafür musst du die Apparate zuerst vom Stromnetz nehmen und leer räumen. Bereite jetzt einen Eimer mit heißem Wasser vor, stelle ihn in die Gefriertruhe und verschließe die Türen. So kann das gefrorene Wasser wunderbar tauen. Größere Eisbrocken solltest du zuvor mit einem Messer lösen. Es könnte eine Überschwemmung geben. Halte bitte ausreichend Handtücher bereit, um das Wasser aufzufangen. Als Nächstes wischst du deine Gefriertruhe gut aus, befüllst sie wieder und schließt den Stecker an.

78. Wie du ein Gemüsebeet anlegst

Ein Mann kann und darf auch gerne Gemüse essen. Am besten schmeckt das Gemüse aus dem eigenen Gemüsebeet. Im Folgenden verraten wir dir den besten Weg zum eigenen Gemüsebeet.

- Entscheide dich für Gemüsesorten. Anfänger greifen hier gerne zu Tomaten, Gurken oder Paprika

- Platz an der Sonne suchen

- Größe festlegen (2 × 3 m)

- Bearbeite den Boden so, dass darauf etwas wachsen kann (urbar machen)

- Boden umgraben

- Steine aus der Erde nehmen

- Beet mit einer Holzumfassung umranden

- Kompost für besseres Wachstum auf den Boden geben

- Gemüsesaat aussäen

Tipp: Wenn du nur einen Balkon hast, dann kannst du auch ein Hochbeet errichten.

79. Wie du IKEA-Möbel aufbaust

Selbst ist der Mann! Du willst neuen Schwung in deine Bude bringen? Dann sind ein paar neue Möbel genau das Richtige für dich. Also rein mit dir ins Auto und ab zu IKEA. Beim Aufbau deiner Errungenschaften kannst du dich als echter Kerl beweisen. Du brauchst keine fremde Hilfe. Mit der korrekten Anleitung ist der Aufbau von IKEA-Möbeln für dich ein Klacks.

Organisationstalent

Planung und Organisation sind das halbe Leben. Bevor es in die „heiße Phase" geht, solltest du erst einmal alle Bestandteile aus dem Karton nehmen und sortieren. Das spart sehr viel Zeit und Aufwand.

Der erste Kontakt mit der Bauanleitung

Als Nächstes folgt der Griff zur Bauanleitung. Diese ist jetzt Gold wert. Auf ihr findest du die korrekte Vorgehensweise Schritt für Schritt und leicht verständlich beschrieben. Wenn du die befolgst und nicht dein eigenes Ding durchziehen willst, geht der Aufbau eines IKEA-Möbels ganz schnell und einfach. Im Möbelstück deiner Wahl ist keine Montageanleitung enthalten? Deshalb musst du jetzt nicht in Tränen ausbrechen. Suche das Objekt der Begierde auf der Homepage von IKEA. Im Regelfall ist dort eine Downloadversion der gewünschten Anleitung hinterlegt. Damit ist das Problem schnell gelöst (;

Der Griff in den Werkzeugkoffer

Ein Mann ist kein richtiger Mann ohne sein Werkzeug. Bestimmt hast auch du für den Fall der Fälle stets deinen Werkzeugkasten parat. Und genau den brauchst du jetzt. Das mitgelieferte Werkzeug, falls überhaupt vorhanden, sorgt nur für Frustration und Wutanfälle. Wohl dem, der jetzt einen Gummihammer oder einen Akkuschrauber hat. Mit diesen

Gerätschaften kannst du jetzt deine Männlichkeit beweisen und das Möbelstück ruckzuck aufbauen.

Was tun bei fehlenden Teilen?

Es ist fast geschafft. Das Regal oder der Tisch lassen sich langsam, aber sicher als solches erkennen. Jetzt passiert auf der Zielgeraden genau das, was nicht passieren sollte. Ein Teil fehlt! Das ist zwar ärgerlich, aber kein Drama. Zeit für den IKEA- Ersatzservice. Dort kannst du mit nur einem Anruf das gewünschte Teil nachbestellen.

Da muss der Fachmann ran!

Das Möbelstück will nicht, wie du willst, und du verlierst langsam die Geduld? Keine Angst. Auch der Mann im Haus darf hin und wieder einmal um Hilfe bitten. Wofür sonst hat IKEA einen Aufbauservice? Der springt ein, wenn alle Stricke reißen, und biegt alles wieder gerade.

80. Wie du mit einem Zollstock misst

Du musst mal wieder etwas renovieren, Handwerksarbeiten erledigen oder sogar ein Haus bauen? Dann solltest du deinen Zollstock immer mit dir führen. Schließlich gibt es immer wieder Strecken oder Winkel auszumessen. Das kannst du Pi mal Daumen machen. Die Arbeit mit einem Zollstock ist wirklich idiotensicher. Selbst du als Anfänger kannst damit umgehen. Alles, was du tun musst, ist, die Glieder des Zollstocks aufzuklappen und ihn an die zu messende Strecke zu legen. Es soll hierbei durch Klappen ein Dreieck entstehen. Lies als Nächstes das Ergebnis auf dem Zollstock ab. Eine jede Zahlenangabe entspricht einem Winkel. Diesen kannst du anhand einer Tabelle ermitteln.

81. Wie du einen Hammer benutzt

Gewaltig ist des Mannes Kraft, wenn er mit dem Hammer schafft. Du als echter Kerl hast doch bestimmt einen Hammer in deiner Werkzeugkiste. Schließlich kann man den immer und zu jeder Zeit gebrauchen. Aber Hämmern ist mehr als nur stupides Auf-etwas-Einschlagen. Der Hammer muss auch richtig angewandt werden. Der Hammer ist der König der Werkzeuge. Deshalb gibt es ihn auch in zahlreichen Arten und Varianten. Ein jedes Exemplar hat dabei ein anderes Einsatzgebiet und eine andere Herangehensweise. Die Rede ist hierbei vom klassischen Schlosserhammer, dem Fäustel, dem Schonhammer, dem Gummihammer oder dem Klauenhammer. Wir können hier nicht alle explizit erklären. Das müssen wir auch nicht. Du hast unter Garantie einen gebräuchlichen Schlosserhammer. Du benötigst ihn zum Einschlagen von Nägeln oder Dübeln. Damit das alles auch reibungslos funktioniert, solltest du deinen Hammer hinten am Stiel anfassen und mit etwas Kraft und Schwung den Nagel treffen. Achte dabei bitte darauf, dass du nicht zu feste oder zu zaghaft schlägst. Mit der Zeit hast du darin Routine und kannst deine Schlagkraft besser einschätzen.

82. Wie du mit einer Kreissäge umgehst

Ein Mann muss handwerken können. Schließlich gibt es in Haus und Wohnung immer etwas zu tun. Das Angebot an Werkzeugen ist riesig. Männer können selten genug Spielzeug haben. Vielleicht hast du ja sogar eine richtige Männerhöhle für deine heißgeliebten Schätze. Aber Bauen und Renovieren kann auch gefährlich sein. Insbesondere bei der Arbeit mit der Kreissäge solltest du höchste Vorsicht walten lassen. Die Dinger haben selbst schon dem stärksten Mann schwere Blessuren zugefügt.

Als Erstes solltest du deine Kreissäge korrekt einstellen. Ansonsten riskierst du Fehler und Verletzungen. Achte im Anschluss daran bitte darauf, dass das Sägeblatt parallel zum Tisch steht und sorge dafür, dass die Blätter vorne und hinten einen identischen Abstand haben. Stelle den Winkel auf 95 Grad und beginne mit der eigentlichen Arbeit. Spanne hierfür bitte dein Objekt gut ein, setze die Handkreissäge an und beginne zu sägen. Um heil und unbeschadet aus der Arbeit mit der Handkreissäge herauszukommen, solltest du:

- auf Handschuhe verzichten,

- keine weite Kleidung tragen,

- lange Haare fixieren,

- Gehör- und Atemschutz verwenden und

- das Gerät nicht selbst frisieren.

83. Wie du einen Bohrer benutzt

Neben einem Hammer solltest du als Mann auch stets einen Bohrer zur Hand haben. Man(n) weiß ja nie, wann man das nächste Mal ein Loch in die Wand bohren muss. Aber auch beim Bohren kann man viel falsch machen. Wer einfach wild drauflosbohrt, wird selten zu einem gewünschten Ergebnis kommen.

Die erste Inspektion

Du kannst dich nicht einfach an einem x-beliebigen Punkt in deiner Wohnung hinstellen und ein Loch in die Wand bohren. Unter Umständen könntest du eine Strom- oder Wasserleitung treffen. Das könnte dich als Handwerkerkönig ganz schnell entthronen. Inspiziere zuerst deine wohnliche Umgebung nach einem geeigneten Ort, schnappe dir einen Bleistift und markiere die von dir gewünschte Stelle.

Wand ist nicht gleich Wand!

Aus welchem Material ist denn deine Wand? Gips? Beton? Stein? Das solltest du spätestens jetzt wissen. Je nach Materialbeschaffenheit solltest du dich nämlich für einen speziellen Bohrer sowie einen entsprechenden Dübel entscheiden. Die Rede ist hierbei von Steinbohrern, Holzbohrern oder Metallbohrern. Ein Klopftest kann dir bei diesem Problem weiterhelfen. Je nachdem, wie deine Wand klingt, solltest du zu einem anderen Bohrer greifen. Bei einem hohlen Geräusch ist die Wand einfach zu bohren. Ein Holzbohrer sollte ausreichen. Bei einem dumpfen Geräusch hingegen hast du mit Widerstand zu rechnen. Ein Stein- oder Metallbohrer wäre hier die bessere Wahl. Wenn alle Unklarheiten diesbezüglich beseitigt sind, kannst du den Bohrer in das Bohrfutter stecken und dort festmachen. Wie tief soll dein Loch denn werden? Die Antwort auf diese Frage solltest du vor deinem eigentlichen Bohreinsatz wissen. Damit du auch die korrekte

Tiefe erreichst, kannst du diese mithilfe eines Klebebandes auf deinem Bohrer kennzeichnen.

Gut gestanden ist halb gewonnen!

Beim Bohren solltest du nicht nur einen klaren Kopf, sondern auch einen festen Stand bewahren. Bewaffne dich mit deinem Bohrer, baue dich siegessicher vor dem Loch auf und tätige einen Ausfallschritt nach vorne. Stehst du fest und sicher? Dann kann es ja losgehen.

Der eigentliche Bohrvorgang

Wir nähern uns dem Höhepunkt das ganzen Prozederes: dem eigentlichen Bohrvorgang. Gehe mit der Bohrmaschine deines Vertrauens an die Wand, betätige die Drehbohrfunktion und gib Vollgas. Wenn das Loch tief genug ist, kannst du die Bohrmaschine wieder herausziehen. Sollte es bei einem Loch bleiben, kannst du nun die Stätte deines Wirkens und Werkens von Staub befreien und das Bohrloch gut reinigen. Bei verschmutzten Löchern wirst du es schwer haben, deinen Dübel sowie deine Schraube darin zu fixieren. Zu guter Letzt kannst du einen strengen Kontrollblick auf dein Loch werfen und es im Notfall vergrößern, aber auch verkleinern.

84. Wie du eine Brechstange benutzt

Eine Brechstange, auch Brecheisen genannt, kann man immer gebrauchen. Auch der Umgang damit sollte dir als Mann nicht fremd sein. Mit einem Brecheisen kannst du nicht nur einen Bruch begehen, sondern auch schwere Dinge ohne fremde Hilfe heben oder Türen aufbrechen. Jetzt erinnere dich doch einfach mal an alles, was du über Hebelwirkung weißt. Du wirst es beim Einsatz der Brechstange brauchen. Alles vergessen? Dann kommt hier eine schnelle Auffrischung.

Eine Brechstange macht aus einem Hänfling einen Herkules. Auch du kannst dich jetzt als echter Kerl behaupten, immense Kraft ausüben und schwere Lasten bewegen. Die Brechstange selbst sieht jetzt nicht so atemberaubend aus. Im Gegenteil. Sie ist nichts weiter als eine Stange aus Metall oder Stahl. Das eine Ende des Werkzeuges dient dir als Griff, das andere fungiert als Hebel. Es wird in einen schmalen Schlitz gestemmt und angewinkelt. Jetzt beginnt die eigentliche Muskelarbeit und du kannst mit ein klein wenig Hebelwirkung große Taten vollbringen.

85. Wie du einen verstellbaren Schraubenschlüssel verwendest

Hast du den Dreh raus? Dann liegt das bestimmt an deinem verstellbaren Schraubenschlüssel. Ein echter (Haus-)Mann muss nicht nur einen Schraubenschlüssel haben, er muss ihn auch benutzen können. Schließlich kann dieses praktische Werkzeug immer wieder zum Einsatz kommen. Mit einem Schraubschlüssel kannst du nämlich viele wertvolle Dinge im Haushalt anstellen. In erster Linie kannst du damit Schrauben lösen oder festschrauben. Du hast noch nie etwas von einem verstellbaren Schraubenschlüssel gehört? Dann kennst du das Ding wahrscheinlich als „Engländer", „Hesse" oder „Universalschlüssel". Na, dämmert da was? So ein verstellbarer Schraubenschlüssel ist eine richtig tolle Sache. Er passt sich deinen Schrauben wunderbar an und lässt sich als Gabelschlüssel sowohl für Vierkant- als auch für Sechskantmuttern verwenden. Nur ein einziger Dreh eröffnet dir einen ganz neuen „Drehmoment". Das wirst du doch wohl noch hinkriegen. Die weitere Handhabung ist auch kein Hexenwerk. Du musst deinen Schraubenschlüssel lediglich korrekt einstellen, mit dem beweglichen Ende auf die Schraube setzen und in die entsprechende Richtung auf- oder zudrehen.

86. Wie du eine Wasserwaage benutzt

„Liebling, hängst du mal bitte das Bild von uns auf?" Bitten wie diese von der Ehefrau oder der Freundin können selbst dir als Mann die Schweißperlen auf die Stirn treiben. Wenn das mal nicht schiefgeht. Den Satz „Das Bild hängt ja total schief, das musst du neu machen" hat wohl jeder Mann schon einmal gehört. Damit Frau oder Freundin nichts zu meckern hat, ist jetzt ein gutes Augenmaß gefragt. Wenn du das nicht hast, tut es auch eine Wasserwaage. Dieses Helferlein kann jetzt als Retter in der Not erscheinen. Das Werkzeug erlaubt dir eine präzise und millimetergenaue Arbeit und sorgt dafür, dass nicht nur das Bild, sondern auch der Haussegen gerade hängt. Du musst eigentlich gar nicht viel tun. Deine Wasserwaage übernimmt den Großteil der Arbeit für dich. Deine einzige Aufgabe ist es, die Wasserwaage an die Wand anzulegen. Die Messfläche sollte dabei für dich gut sichtbar sein. Die wirst du jetzt brauchen. Dreh- und Angelpunkt der Wasserwaage ist die sogenannte Libelle. Hierbei handelt es sich um ein Röhrchen mit einer Luftblase. Und genau diese solltest du jetzt ganz genau im Auge behalten. Du hast die perfekte Position erreicht, wenn besagte Luftblase exakt gerade zwischen zwei Markierungen steht. Sollte dies nicht der Fall sein, kannst du alles mit ein paar Handbewegungen nach links oder rechts nachjustieren. Na, ist alles im Lot? Perfekt! Dann kannst du das Bild jetzt aufhängen.

87. Wie du einen verstopften Abfluss freibekommst

Stell dir folgende Ausgangssituation vor: Du möchtest eigentlich nur den Abwasch in der Spüle machen und verursachst dabei nahezu eine Überschwemmung. Das Wasser will einfach nicht mehr abfließen. Ganz klarer Fall: Dein Abfluss ist einmal wieder verstopft. Die Übeltäter in diesem Spiel sind meistens irgendwelche Essensreste. Jetzt ist guter Rat teuer! Ist er gar nicht. Mann muss nur wissen, wie. Die Lösung für all deine Probleme steht vielleicht sogar schon neben dir. Nein, nicht deine Frau oder Freundin. Die Rede ist von wirkungsvollen Hausmitteln wie beispielsweise Essig, einem Pümpel oder einer Rohrspirale. Nehmen wir als Beispiel einfach mal die gute alte Rohrspirale. Da kannst du als Mann jetzt einmal dein ganzes Können unter Beweis stellen. Stecke zu Beginn ganz vorsichtig die Spirale durch den verstopften Abfluss hindurch in die Fallröhre. Das sollte kein Problem darstellen. Betätige als Nächstes die Kurbel und drücke ganz sanft und liebevoll gegen das Rohr. Wenn du alles richtig gemacht hast und dein Abfluss tatsächlich verstopft ist, solltest du nun einen Widerstand feststellen. Genau diesem gilt es nun, den Kampf anzusagen. Ziehe die Rohrspirale etwas zu dir heran, um sie dann wieder im Abfluss zu versenken. Wiederhole dieses schöne Spiel so oft, bis der Widerstand gebrochen ist. Dann ist der Abfluss wieder frei und du bist der Held des Tages.

88. Wie du die Wasserleitung einer Toilette abstellst

Die Toilette macht einmal wieder Zicken und funktioniert nicht, wie sie sollte? Da muss ein Fachmann ran! Nicht unbedingt. Es genügt, wenn du dich als Fachmann aufspielst und dem Fehler einmal auf den Grund gehst. Hierfür solltest du nicht sofort in der Toilette auf Tauchgang gehen. Es wäre ratsam, erst einmal die Wasserleitung der Toilette abzustellen. Das ist auch gar nicht schwer. Zu Beginn solltest du das Absperrventil deiner Toilette finden und verschließen. Dafür musst du es nur im Uhrzeigersinn drehen. Es ist oval und befindet sich im Regelfall hinter deiner Toilette. Ist die Wasserzufuhr auch wirklich abgestellt? Es gibt einen ganz einfachen Trick, das herauszufinden. Drücke die Klospülung. Wenn sich kein Wasser mehr im Spülkasten sammelt, hast du alles richtig gemacht und kannst dein Werk fortführen.

Wasser marsch! Kehre zum bereits bekannten Absperrventil zurück und drehe es wieder auf. Wenn du möchtest, kannst du als Probe aufs Exempel die Klospülung erneut betätigen. Alternativ kannst du die Wasserleitung deiner Toilette auch über den Zulauf zum Spülkasten abstellen. Dieser befindet sich, wer hätte das gedacht, am Spülkasten.

89. Wie du eine Verstopfung in der Toilette löst

Nicht nur du, auch deine Toilette hat hin und wieder eine Verstopfung. Zu viel oder falsches Toilettenpapier sorgt ganz schnell dafür, dass sich auf dem stillen Örtchen sehr bald gar nichts mehr tut. Da hilft kein Jammern und kein Stöhnen – jetzt musst du ein echt harter Kerl sein und die Toilette wieder befreien. Das ist eine sehr unschöne Aufgabe. Aber du stehst damit nicht alleine da. Verschiedene Haushaltsgegenstände sind gerne für dich da und leisten dir tatkräftig Unterstützung. Mit einem Pümpel, einer Klobürste oder einer Rohrreinigungsspirale kriegst du deine defekte Toilette ganz schnell wieder flott. Auch Hausmittel wie Backpulver, Essig oder Natron können dir in dieser Situation gute Dienste leisten.

Bei einer verstopften Toilette greift Mann ganz gerne auf den guten alten Pümpel zurück. Dieser erscheint jetzt als Retter in der Not. Ein solches Wunderwerk der Technik sollte stets neben deiner Toilette auf seinen nächsten Einsatz lauern. Aber nicht nur in deiner Toilette, auch im Waschbecken oder in der Badewanne macht der Pümpel eine gute Figur. Ein echter Allrounder eben. Vorsicht, liebe Männer, jetzt wird es ekelig. Für eine freie Toilette müsst ihr zunächst alle wahrnehmbaren Faktoren, welche auf eine Verstopfung hindeuten, entfernen. Insbesondere Klopapier hat jetzt in deiner Toilette nichts mehr verloren. Selbst du als gestandenes Mannsbild solltest bei dieser Aufgabe besser Handschuhe tragen. Es ist zu deinem eigenen Wohl. Bewaffne dich jetzt mit dem Pümpel deines Vertrauens und presse diesen so gut wie möglich auf den Abfluss. Jetzt heißt es pumpen, was das Zeug hält. Je besser du pumpst, desto weniger haben die Verstopfungen im Abfluss eine Chance gegen dich. Dieses schöne Spiel wiederholst du so lange, bis sich alles gelöst hat und der Abfluss wieder frei ist. Wenn du glaubst, dass du dein kleines Toilettenfiasko beseitigt hast, betätigst du die Spülung. Fließt alles ab, ist die Toilette wieder frei und einsatzbereit für das nächste kleine oder größere Geschäft.

90. Wie du Sicherungen überprüfst

Ist bei dir eine Sicherung durchgebrannt? Das kannst du ganz mühelos überprüfen. Dafür musst du kein Elektriker sein. Ohne Sicherungen, keine Elektrik. Sollte ein technisches Gerät in deinem Haus einmal nicht mehr funktionieren, muss es nicht sofort defekt sein. Wahrscheinlich ist einfach nur eine Sicherung durchgebrannt und die Stromversorgung abgebrochen. Das haben wir gleich! Das Multimeter macht das schon. Hierbei handelt es sich um ein Messgerät, auf welchem du ganz einfach die Messung des Drahtdurchgangs einstellen kannst. Nun musst du lediglich die Messsonden an das Messelement anschließen und ablesen – achte aber darauf, dass das Gerät vom Stromkreislauf getrennt ist. Wird ein sehr geringer Widerstand angezeigt, kannst du aufatmen. Mit deinen Sicherungen ist alles im grünen Bereich. Stellst du bei deiner Messung allerdings Unregelmäßigkeiten fest, kannst du von einer durchgebrannten Sicherung ausgehen. Wenn du abschließend die defekte Sicherung austauschst, müsste der Strom eigentlich wieder fließen.

91. Wie du ein Haus baust

Ein Mann muss in seinem Leben einen Baum gepflanzt, ein Kind gezeugt und ein Haus gebaut haben. Insbesondere der Hausbau sollte bei den nötigen finanziellen Mitteln in Angriff genommen werden. Mann will ja schließlich nicht immer Mieter sein und bleiben. Ein Hausbau ist für dich allerdings eine der größten Hürden. Nicht nur finanziell, auch im Hinblick auf die Aufgaben und Stationen kommt so einiges auf dich zu. An Folgendes hast du als angehender Herr eines Hauses zu denken:

- Finanzierung abklären

- Hausart auswählen

- Baupartner suchen

- Bauplatz finden

- Bauplan entwickeln

- Bauvertrag abschließen und einreichen

- Nötige Versicherungen abschließen

- Sich nach einem Kreditvertrag umsehen

- Baustelle vorbereiten

- Nötige Fahrzeuge und/oder Maschinen bestellen

- Mit dem eigentlichen Hausbau beginnen

- Bauabnahme planen

- Hausinneres ausbauen

- Finale Prüfung durch das Bauaufsichtsamt

92. Wie du Wände anstreichst

Du wünschst dir etwas mehr Farbe in deinem Leben? Dann fange damit doch in deiner Junggesellenbude an. Deine Wände könnten bestimmt einen neuen Anstrich gebrauchen. Es muss ja nicht Blassrosa sein. Wähle einen Farbton, der zu dir passt, und mach dich ans Werk. Nur deine Wand soll in einem neuen Glanz erstrahlen. Boden und Möbel sollen davon verschont bleiben. Es ist von daher von Vorteil, wenn du die Möbel aus der Gefahrenzone bringst und den Fußboden mit Folie auslegst und abklebst. Auch Fenster, Türen, Leisten oder Steckdosen verschwinden unter einer Schicht Klebeband und bleiben, wie sie waren. Vor dem Pinsel hat der Kehrbesen seinen großen Auftritt. Mit ihm befreist du die Wand von Leimfarbe, Staub oder anderweitigen Verunreinigungen. Nur so kann die neue Farbe auch optimal zur Geltung kommen.

Von der Rolle! Als Nächstes solltest du deine Waffe weise wählen. Eine jede Wandstruktur benötigt eine gesonderte Rolle. Du hast die Wahl zwischen einer Lang- oder einer Kurzflorrolle. Je mehr Kontur du auf deiner Wand hast, desto länger sollte der Flor deiner Rolle sein. Niemand mag unschöne Nasen oder deutlich wahrnehmbare „Farbenspiele" an der Wand. Sorge bitte dafür, dass deine neue Wand auch gleichmäßig eingefärbt ist. Hier können ein Abstreifgitter, ein geübtes Auge sowie eine ruhige Hand wahre Wunder bewirken. Wenn deine Farbrolle nicht gleichmäßig mit Farbe bedeckt ist, wird auch deine Wand eher durch Schattierungen und farbliche Abstufungen von sich reden machen.

Arbeite dich von den kleinen Ecken zu den großen Flächen vor. Je kleiner und schmaler die Ecke, desto kleiner und schmaler der Pinsel. Du kannst in den Ecken und Rändern nicht mit einer großen Farbrolle hantieren. Diese hat erst bei den großen Flächen ihren großen Auftritt. Wenn du die Decke ebenfalls streichen möchtest, hat diese jetzt Vorrang. Sie wird zuerst gestrichen. Damit Decke und Wand nicht in derselben Farbe erstrahlen, hast du mit einem Streifen Klebeband einen Übergang festzusetzen. Dieser beginnt im Regelfall etwas unterhalb der Decke. Die restliche Wand wird in einer zweiten Farbe großflächig gestrichen. Als Nächstes wird das Klebeband entfernt und du siehst dein Werk in seiner ganzen Pracht. Wenn dir dein Meisterwerk gefällt, kannst du jetzt die Pinsel reinigen und, sobald die Farbe getrocknet ist, die Folie abnehmen und die Möbel wieder an Ort und Stelle rücken.

93. Wie du tapezierst

Tapetenwechsel gefällig? Es muss nicht immer sofort die große Mal- und Streichaktion sein. Auch eine neue Tapete kann deiner Männerbude zu einem ganz neuen Glanz verhelfen. Bevor du dich voller Elan und Tatendrang ans Werk machen kannst, musst du erst einmal ein paar Besorgungen erledigen. Neben der eigentlichen Tapete benötigst du einen Tapeziertisch, eine Leiter, einen Eimer, einen Zollstock, eine Tapezierrolle, eine Wasserwaage, Klebeband, einen Cutter, Tapetenkleister und Absperrband. Da kommt ganz schön was zusammen.

Vorbereitung ist das halbe Leben!

Du kannst nicht sofort die Tapete an die Wand kleistern. Du musst erst Vorbereitungen treffen, damit deine Wohnung nicht in Mitleidenschaft gezogen wird. Bringe deine Möbel in Sicherheit und bedecke den Boden mit Folie oder einer Plane. Nachdem alles mit Klebeband fixiert ist, sollte nichts mehr passieren.

Als Nächstes solltest du dir die Wand noch einmal genauer ansehen. Muss hier vielleicht noch etwas abgeklebt, entfernt, geebnet oder gereinigt werden? Dann solltest du das genau jetzt tun. Im Anschluss daran kannst du dir überlegen, wie du deine Tapete an der Wand befestigen möchtest. Du kannst entweder grundieren, vorkleistern oder auf Wechselgrund aufbauen. Eine jede der soeben erwähnten Varianten hat ihre Vor- und Nachteile.

Wohnen nach Maß!

Bevor du dir die Tapete deiner Wahl ohne Sinn und Verstand an die Wand klatschst, musst du erst einmal die Wandlänge genau ausmessen und zuschneiden. Hierbei darfst du gut und gerne ein paar Zentimeter „hinzudichten". Es darf gekleistert werden. Damit deine Tapete auch nicht im Sekundentakt wieder von der Wand rollt, muss sie mit Kleister befestigt werden. Und genau den rührst du jetzt an und streichst ihn auf die Tapete. Vorsicht: Das ist eine ganz schöne Schweinerei. Damit deine Tapeten nicht schief und schepp von der Wand starren, solltest du sie kerzengerade anbringen. Bewaffne dich also mit deiner Wasserwaage und ziehe eine gerade Ausgangslinie. Diese Linie wird jetzt sehr wichtig für dich. Dort legst du deine erste Tapetenbahn an und tapezierst von oben nach unten. Nachdem alles schön fest sitzt, kannst du die überschüssigen Fetzen einfach kürzen. Abschließend kannst du den Boden wieder freigeben, die Möbel an Ort und Stelle rücken und dein Werk betrachten.

94. Wie du ein Bild aufhängst

Du möchtest deine Partnerin überraschen und euer gemeinsames Bild aufhängen? Auch dabei kann man viel falsch machen. An einer falschen Stelle oder schief hängend, wird die Überraschung ganz schnell zur Krisendiskussion. Um das zu vermeiden, solltest du dich bereits im Vorfeld für einen optimalen Standort in der Wohnung entscheiden. Die Beschaffenheit der Wand, der Platz sowie die Anordnung spielen dabei eine große Rolle. Ist ein guter Platz gefunden, solltest du das Bild aufhängen. Sehr schön wirken Bilder auf Augenhöhe. Bewaffne dich mit einer Wasserwaage, gehe zur Wand und markiere die entsprechende Stelle. Abschließend solltest du vorsichtig Nägel in die Wand schlagen, um das Bild daran aufzuhängen.

95. Wie du ein Baumhaus baust

Ein Mann muss im Laufe seines Lebens ein Haus gebaut haben. Wenn du nicht gleich in die Vollen gehen möchtest, kannst du mit einem Baumhaus beginnen. Du kannst allerdings nicht sofort loslegen. Neben dem eigentlichen Baum, den Brettern aus Bauholz und dem entsprechenden Werkzeug (Hammer und Nägel) solltest du auch Seile, eine Schaukel oder eine Trittleiter zum Spielen und Toben anbringen. In manchen Fällen brauchst du sogar eine spezielle Baugenehmigung. Informiere dich deshalb bitte im Vorfeld, ob du das Baumhaus deiner Träume überhaupt so bauen kannst und darfst. Alles erledigt? Dann kann es ja losgehen. Wenn du die nachfolgende Anleitung beachtest, bist du bald der stolze Besitzer eines Baumhauses.

- Größe und Höhe auswählen und festlegen (die maximale Höhe für Baumhäuser liegt bei 2,5 m. Im Hinblick auf die Fläche sind 14 qm für 2 Personen absolut ausreichend)

- 2 Bohlen in die gegenüberliegenden Seiten des Baumes schlagen

- 2 weitere Bohlen anschlagen, es soll ein Kreuz entstehen

- Erneut 4 Bohlen für den Rahmen der Plattform anbringen

- Diagonale Verstrebungen zur Sicherung der Plattform anbringen

- Holz als Fußboden auslegen

- Bodenluke integrieren

- Gerüst anbringen. Hierfür eignen sich Kanthölzer

- Wände zum Schutz integrieren

- Eckträger für das Dach anbringen

- Strickleiter für den Aufstieg anbringen

96. Wie du einen tropfenden Wasserhahn reparierst

Da ist es wieder. Dieses nervtötende Geräusch. Der Wasserhahn tropft. Jetzt ist schnelles Handeln gefragt. Schließlich möchtest du später in Ruhe deinen Feierabend genießen. Um einen tropfenden Wasserhahn zu reparieren, musst du zunächst das Wasser abstellen. Als Nächstes drehst du den Wasserhahn auf, damit das restliche Wasser abfließen kann. Sobald das geschehen ist, überprüfst du die Dichtung, ob sich dort Kalk gebildet hat. Kalkablagerungen in diesem Bereich lassen sich in Windeseile mit etwas Essigessenz entfernen. Im Anschluss daran entfernst du die Schraube an der Rückseite des Wasserhahns, demontierst den Griff und entfernst die Kartusche. Diese kannst du jetzt in eine Schüssel mit Wasser und Zitronensäure geben, darin einweichen und danach gut ausspülen. Bringe die Kartusche wieder an ihren Platz, setze den Wasserhahn wieder zusammen und überprüfe, ob das Wasser läuft. Aber Achtung, wenn du dich doch nicht rantraust, dann ruf lieber einen Klempner, damit alles fachmännisch erledigt wird.

97. Wie du eine Glühbirne wechselst

Es werde Licht! Das Wechseln einer Glühbirne ist schnell erledigt. Du musst dafür zu Beginn die Sicherung ausschalten. Such hierfür den Stromverteilerkasten in der Wohnung. Dieser ist in der Regel so beschriftet, dass du die Sicherung auch im richtigen Raum ausschalten kannst. Sobald du das erledigt hast, solltest du die Glühbirne abkühlen lassen und herausdrehen. Ersetze diese nun durch eine neue Glühbirne und betätige den Lichtschalter. Achte natürlich darauf, dass du eine ähnliche Glühbirne besorgst wie die, die bereits drin war. Jetzt sollte eigentlich alles funktionieren.

98. Wie du dich rasierst

Du wirst langsam, aber sicher zum Mann. Es wachsen dir Haare an Stellen, wo zuvor noch keine waren. Bei den Anzeichen eines ersten Bartansatzes musst du dich rasieren. Die ersten Versuche werden nicht zu deiner Zufriedenheit sein. Aber Übung macht ja bekanntlich den Meister.

Wasser marsch!

Beim Rasieren solltest du nicht übereifrig sein. Es ist wichtig, dass du dir vor der eigentlichen Rasur das Gesicht wäschst. Eine Dusche oder eine Katzenwäsche vor dem eigentlichen Akt machen das Barthaar schön weich.

Schäume vor Wut!

Jetzt beginnt die eigentliche Arbeit. Greife zu deinem Rasiergel oder deinem Rasierschaum und schäume den Bereich gut ein. Wenn du alles richtig gemacht hast, wirst du jetzt aussehen wie ein Nikolaus.

Locker flockig zum Babypopo

Achtung, jetzt geht es los. Nimm deinen Rasierer in die Hand und fahre vorsichtig und in sanften Linien über dein Gesicht. Je lockerer du deinen Rasierer dabei hältst, desto besser. Zu viel Druck führt zu Schnittwunden auf deiner zarten und empfindlichen Haut.

Erneute Wasserspiele

Auch am Ende solltest du dir noch einmal gründlich das Gesicht waschen und Schaumreste entfernen. Reinige deinen Rasierer und creme dich noch einmal kurz ein.

99. Wie du Rasurbrand kühlst

Nach der Rasur bemerkst du plötzlich Hautrötungen und kleine Pickelchen an der betroffenen Stelle? Klarer Fall: Du hast einen Rasurbrand. Das muss dir jetzt nicht peinlich sein. Das kann selbst dem besten Mann passieren. Da ein solcher Rasurbrand sehr unangenehm ist, solltest du etwas dagegen tun. Mit verschiedenen Hausmitteln kannst du einem Rasurbrand ganz schnell zu Leibe rücken. Eiswürfel sind wahre Retter in der Not. Sie machen nicht nur in deinem Drink eine gute Figur, sie helfen dir auch bei deinem Rasurbrand. Wenn deine Haut nach der Rasur brennt, solltest du die entsprechenden Stellen mit einem Eiswürfel kühlen. Fünf Minuten sind dabei absolut ausreichend.

Deine Haut ist jetzt glatt wie ein Babypopo? Kein Wunder, dass jetzt Babypflegeprodukte genau das Richtige für dich sind. Bei Rasurbrand kann Babypuder wahre Wunder bewirken. Es beruhigt deine strapazierte Haut und lässt sich nach der Anwendung problemlos abwaschen. Ganz bestimmt hast auch du schon einmal etwas von der Heilpflanze Aloe vera gehört. Ihr Ruf eilt ihr ja bekanntlich voraus. Die Wirkstoffe kommen immer dann zum Einsatz, wenn eine Reizung oder Entzündung der Haut vorliegt. Also auch bei deinem Rasurbrand. Deine Freundin macht sich gerne einmal eine Maske aus Honig und Quark? Davon solltest du dir jetzt etwas abzwacken und auf deinem Rasurbrand verteilen. Nach ungefähr 10 Minuten kannst du dir die Pampe wieder abwaschen und dich über den Erfolg freuen.

100. Wie du dir einen frischen Atem verpasst

Du hast ein heißes Date und möchtest deiner Angebeteten einmal wieder den Atem rauben? Mit Mundgeruch stehen deine Karten dabei eher schlecht. Damit schießt du dir nur ein Eigentor. Ein frischer Atem hingegen kann dir Tür und Tor öffnen. Dafür musst du auch gar nicht viel tun. Der beste und einfachste Weg zu einem frischen Atem beginnt, wer hätte es gedacht, mit der optimalen Mund- und Zahnhygiene. Putze dir regelmäßig die Zähne, verwende im Idealfall eine elektrische Zahnbürste, achte auf deine Zahnpasta, benutze Zahnseide und spüle ordentlich mit Mundwasser nach. Dieses Prozedere dauert nur wenige Minuten und garantiert dir frischen Atem für Stunden.

Mit den Zähnen alleine ist es allerdings noch nicht getan. Auch auf deiner Zunge tummeln sich zahlreiche Bakterien, die für einen unangenehmen Geruch sorgen. Diesen Bakterien kannst du durch die Anwendung eines sogenannten Zungenreinigers die Tour aber ganz schön vermiesen. Ein schlechter Atem kommt nicht von alleine. Dafür gibt es immer einen Grund. Neben einer schlechten Mund- und Zahnhygiene können auch Alkohol oder Nikotin als Übeltäter herangezogen werden. Durch regelmäßiges Trinken kannst du hier Abhilfe schaffen. Und nein, Alkohol ist damit nicht gemeint. Wenn du mindestens 2 l Wasser am Tag zu dir nimmst, wirst du fitter und gesünder und steigerst deine Flirtchancen.

Manchmal muss es eben schnell gehen. Du hast ein wichtiges Treffen in 10 Minuten und hast gerade einen Döner mit Zwiebeln und Knoblauchsauce gegessen? Alarmstufe Rot! Jetzt ist Soforthilfe gefragt. In Härtefällen wie diesen hilft nur noch der Griff zum Kaugummi oder zum Mundspray.

101. Wie du dich um deine Füße kümmerst

Nicht nur bei Frauen sind schöne und gesunde Füße ein Muss. Auch du als Mann solltest deinen Füßen etwas mehr Beachtung schenken. Hornhaut, Schrunden, Blasen, Warzen – die Liste der Wehwehchen an den Füßen ist lang. Du kannst selbst sehr viel für das Wohlergehen deiner Füße tun. Lege zum Beispiel Wert auf bequemes und gut sitzendes Schuhwerk und statte deinen Schrank mit einem Paar Ersatzschuhen aus. Wenn du deine Treter hin und wieder wechselst, tust du dir und deinen Füßen einen großen Gefallen.

Fußpflege de luxe

Deine Füße bringen dich um? Dann tu etwas dagegen. Verwöhne sie nach einem langen Marsch mit einem entspannenden Fußbad, einer angenehmen Fußmassage oder der ein oder anderen Übung zur Stärkung der Fußmuskulatur. Das bewirkt wahre Wunder.

Verwöhnpflege für die Füße

Selbstverständlich müssen deine Füße auch immer optimal in Schuss sein. Wasche dir bitte täglich die Füße, schneide regelmäßig die Fußnägel, betreibe etwas Nagelpflege und kümmere dich sofort um Fußpilz oder Hornhaut.

Hornhaut ade

Du leidest unter Hornhaut? Schluss damit! Du brauchst hierfür nur einen Bimsstein oder ein entspannendes Fußbad. Das müsste sich doch wohl einrichten lassen.

102. Wie du einen Fußball schießt

Immer nur die Sportschau vor dem Fernseher zu verfolgen, ist dir zu langweilig? Aktiv Fußball zu spielen, ist sehr viel gesünder und macht auch sehr viel mehr Spaß. Solltest du vergessen haben, wie man einen Fußball schießt, haben wir hier ein paar wertvolle Tipps für dich.

Freistöße als Trockenübung

Die beste Tritttechnik lernst du bei Freistößen. Die Anleitung hier bezieht sich hauptsächlich auf Trockenübungen. Im Spiel selbst sind du und der Ball permanent in Bewegung. Da sieht die Sachlage ein klein wenig anders aus. Lege dir hierfür den Ball genau vor das Bein, mit dem du abschießen möchtest. Dein starker Fuß ist immer der, mit dem du zuerst aufkommst. Mit diesem solltest du gegen den Fußball treten.

Und Schuss!

Der Ball liegt, jetzt bist du an der Reihe. Du solltest nicht exakt hinter dem Ball stehen. Für den perfekten Schuss ist es vor Vorteil, etwas versetzt zum Ball zu stehen. Wenn du nach links schießen möchtest, solltest du leicht rechts vom Ball stehen und umgekehrt. Auch solltest du den Ball nicht genau in der Mitte treffen. Wenn du ein klein wenig weiter rechts oder links gegen den Fußball trittst, hast du um einiges mehr Schwung. Dein Ball fliegt besser und weiter.

Sobald du und dein Ball in der richtigen Position sind, solltest du auf den Ball zulaufen. Hierbei solltest du keine großen Schritte wagen. Viel hilfreicher ist es, wenn du in kurzen Tippelschrittchen auf den Ball zuhechtest.

Rasenballett

Jetzt ist Fußarbeit gefragt. Dein Fuß gibt die Flugposition des Balles an. Es ist von daher ganz praktisch, wenn dieser in die Richtung des Tores zeigt. Zeigt der Fuß hingegen vorbei, dann fliegt auch der Ball vorbei.

Tor! Tor!

Das war jetzt nur das Vorspiel. Kommen wir nun zum eigentlichen Schuss. Für ein echtes Traumtor solltest du den Ball nun genau fokussieren, dich voll und ganz entspannen, dein Standbein nach hinten schwingen und mit dem Fuß gegen den Ball treten. Die großen Fußballprofis versuchen hierbei, den Ball mit dem Knöchel des großen Zehs zu treffen. Und genau das solltest du auch tun. Tritt mit maximaler Kraft gegen den Ball und ziehe dein Bein anschließend durch. Solltest du jetzt lauten Jubel vernehmen, hast du gerade ein Tor geschossen.

103. Wie du Abseits erklärst

Es ist einmal wieder Samstagabend und du möchtest dir entspannt die Sportschau anschauen. Auf einmal kommt ein Einwurf deiner Freundin und trifft dich vollkommen unerwartet: „Schatz, wie war das noch einmal mit dem Abseits beim Fußball?" Jetzt muss Mann zeigen, was Mann kann, die Frage so verständlich wie möglich beantworten und die Dame nicht ins Abseits stellen. Salopp gesagt ist ein Spieler im Abseits, wenn er sich in der gegnerischen Spielfeldhälfte befindet und aktiv durch Ballspiel in das Geschehen eingreift, während sich keine zwei gegnerischen Mitspieler zwischen ihm und der Torlinie befinden.

104. Wie du einen Golfschläger schwingst

Golf ist weit mehr als nur ein Rentnersport. Für viele Freunde der aktiven Bewegung ist Golf DER Sport schlechthin. Du möchtest dich auch einmal auf dem Grün versuchen? Na, dann los! Damit du dich auf dem Platz nicht blamierst, solltest du an deinem Schwung arbeiten. Selbst das schickste Golf-Outfit bringt dir nichts, wenn du deinen Golfschläger nicht richtig schwingen kannst.

Gut begonnen ist schon halb gewonnen!

Mit der korrekten Ausgangsposition kannst du schon einmal die Weichen in die richtige Richtung stellen. Stelle dich direkt vor deinen Golfball. Deine Füße sollten dabei ungefähr schulterbreit auseinander stehen. Auch wenn es anmutig aussieht, solltest du vor deinem Abschlag nicht kerzengerade in der Gegend herumstehen. Viel mehr erreichst du, wenn du Oberkörper und Knie leicht beugst und dabei den Golfball ganz genau im Blick behältst. Auch den Schläger solltest du nicht schlaff wie einen Spazierstock halten. Sorge für einen guten Griff, winkle deine

Arme leicht an und platziere den Kopf deines Schlägers genau vor dem Ball. So hat er die optimale Angriffsfläche.

Der perfekte Abschlag

Jetzt wird es spannend. Du näherst dich dem Abschlag. Dieser setzt sich aus Auf- und Durchschwung zusammen. Beginnen wir mit dem Aufschwung. Hierfür ziehst du deinen Golfschläger in einem großen Bogen nach hinten durch. Der Schaft befindet sich jetzt genau hinter deiner Schulter. Füße und Augen bleiben weiter in der Ausgangsposition und auch die Hände sind weiterhin angewinkelt. Vorsichtig, jetzt wird es wichtig. Wenn du alles richtig gemacht hast, dann sollten sich deine Hüfte und deine Schulter automatisch nach hinten drehen. Die falsche Drehung der Hüfte ist einer der häufigsten Fehler beim Golf.

Mit Schwung zum Durchschwung

Du stehst jetzt genau richtig. Zeit für den Durchschwung. Hier kommen auch Schulter und Hüfte wieder zum Einsatz. Sie drehen sich nämlich jetzt wieder zurück zum Ausgangspunkt.

Uuund Schuss!

Der Schläger trifft den Ball und dieser fliegt, so Gott will, seinem Ziel entgegen. Hierbei werden deine angewinkelten Arme ausgestreckt. In der Endposition sollte dein Golfschläger sich hinter deinem Kopf befinden und deine Hüfte in Zielrichtung zeigen. Mit dem rechten Fuß stehst du leicht auf den Zehenspitzen.

105. Wie du den Golfball richtig puttest

Sinn und Zweck des Golfspiels ist es, den Golfball einzulochen. Tiger Woods und Co. sagen hierzu putten. Neben dem Abschlag ist der Putt der wohl wichtigste Schlag beim Golf. Und so geht's. Du befindest dich mit deinem Golfball kurz vor dem finalen Loch. Jetzt kommt es auf jede Bewegung an. Für das optimale Ergebnis solltest du gerade auf dem Platz stehen. Dein Oberkörper ist nur leicht nach vorne gebeugt, während sich dein Ball leicht links vor dir befindet. Mit einer sogenannten Pendelbewegung versuchst du nun, den Golfball auf Anhieb einzulochen. Der nötige Schwung hängt dabei von der Entfernung zwischen Ball und Loch ab. Die Bewegung selbst wird lediglich von deiner Schulter und deinen Armen ausgeführt. Die Handgelenke bleiben komplett ruhig.

106. Wie du einen Dartpfeil wirfst

Eine verrauchte Bar oder ein Partykeller, eine Schachtel Kippen, ein paar Bier und eine Dartscheibe. Mehr braucht Mann nicht. Auch du hast bestimmt schon einmal mit einem Dartpfeil auf eine Dartscheibe geworfen. Auch das ist nicht nur Jux und Tollerei. Hierbei handelt es sich um eine ernst zu nehmende Sportart, in der regelmäßig Meisterschaften ausgetragen werden. Versteh uns jetzt nicht falsch: Du musst nicht zum nächsten Dartchampion aufsteigen. Aber mit ein paar Tricks und Kniffen kannst du dein Dartspiel problemlos verbessern und deine Kumpels ganz schön alt aussehen lassen.

Der Erfolg deines Wurfes steht und fällt mit deinem Griff. Je besser du den Dartpfeil hältst, desto besser kontrollierst du ihn und seine Flugrichtung. Der richtige Griff ist ganz einfach. Denk dir einfach nur, du willst mit einem Stift einen Brief schreiben. Der Dartpfeil ist dabei dein Stift. Daumen, Zeigefinger und Mittelfinger befinden sich am Dartpfeil. Jetzt kommt der Feinschliff. Fixiere dein Ziel, nimm nötige Korrekturen vor und wirf. Dabei sollen alle Finger gleichzeitig den Pfeil loslassen. Du hältst den Dartpfeil jetzt richtig? Sehr schön, aber damit ist es noch nicht getan. Neben einem korrekten Griff benötigst du auch eine optimale Wurfbewegung. Damit dein Pfeil auch schön fliegt und das Ziel trifft, sollte die Bewegung schnell und flüssig sein. Nimm deinen Pfeil in deinen Wurfarm, fixiere die Felder und versuche dein Glück.

Begeben wir uns jetzt auf den Boden der Tatsachen. Auch deine Fußstellung ist beim Dart sehr wichtig. Du wirfst mit deiner rechten Hand? Sehr schön! Dann sollte auch dein rechter Fuß vorne stehen. Auf diesen verlagerst du auch dein ganzes Gewicht. Bleib aber immer ganz locker und entspannt. Es ist nur ein Spiel. Je mehr du verkrampfst, desto schlechter wird dein Wurf.

107. Wie du richtig Billard spielst

Der Abend ist noch jung und du möchtest nach einem gelungenen Dartspiel auch noch eine Partie Billard spielen? Eine ganz ausgezeichnete Idee. Allerdings gibt es auch hier vereinzelte Dinge zu beachten.

Learning by Doing!

Am einfachsten gewöhnst du dir eine Billardtechnik an, indem du sie dir von deinen Kumpels abguckst. Wenn die aber auch nicht Billard spielen können, sieht das Ganze sehr schnell sehr albern aus.

Der Queue und seine Handhabung

Das lange Ding da in deiner Hand wird „Queue" genannt. Wenn du den beim Stoß richtig hältst, ist schon viel gewonnen. Nimm deinen Queue in beide Hände. Eine ist vorne, die andere in der Mitte des Stabes. Beide Hände haben eine Funktion. Deine dominante Hand sorgt für die Bewegung, während die andere sich um die Stabilisation kümmert. Wenn du Rechtshänder bist, stabilisierst du also mit der linken Hand. Die Fingerposition sieht jetzt folgendermaßen aus. Der Billardstock liegt zwischen Daumen und Zeigefinger sowie auf dem Mittelfinger. Daumen und Zeigefinger sind auf dem Queue, während sich die restlichen Finger auf dem Billardtisch befinden. Beuge dich jetzt leicht vor und setze deinen dominanten Fuß etwas hinter den anderen.

Anstoß!

Als Nächstes geht es darum, mit dem Billardqueue die Kugel anzustoßen und einen erfolgreichen Stoß zustande zu bringen. Hierfür musst du deine Kraft genau kennen und einteilen. Wenn du zu stark oder zu schwach gegen die Kugeln stößt, kannst du deinen Spielzug eigentlich schon vergessen. Diese Kraftbeherrschung fällt nicht vom Himmel. Du musst üben, üben, üben. Mit der Zeit wirst du aber immer besser und kannst deine Kraft besser einschätzen.

Planung ist das halbe Leben!

Während eines Billardspiels solltest du nicht ziellos auf dem Tisch herumstochern. Etwas Taktik und Planung helfen dir dabei, das Spiel für dich zu entscheiden.

108. Wie du ein Hufeisen wirfst

Hufeisen bringen Glück – und ein guter Wurf beim Hufeisenwerfen bringt dir viele Punkte.

Haltung, bitte!

Beim Hufeisenwurf geht es allerdings nicht nur darum, das Hufeisen richtig zu werfen, du musst es auch korrekt halten können. Hierfür solltest du den Pferdeschuh flach vor dir halten. Die Schenkel sollten dabei nach links zeigen. Dein Daumen sollte dabei auf dem Schenkel liegen, der näher zu deinem Körper ist. Deinen Zeige- und Mittelfinger legst du unter das Hufeisen, deinen Ringfinger daneben, und dein kleiner Finger drückt dagegen. So hat jeder Finger eine Aufgabe. Diese Grifftechnik ist nicht in Stein gemeißelt. Es gibt noch weitere Alternativen, die du, wenn du willst, auch gerne ausprobieren kannst. Halte dein Hufeisen so, wie es für dich am bequemsten ist.

Der eigentliche Wurf

Dein Hufeisen liegt perfekt in deiner Hand? Dann nähern wir uns dem Höhepunkt des Spiels. Du musst das Hufeisen werfen. Du als Rechtshänder solltest dich links von der Zielscheibe aufstellen. Eine gerade Haltung ist hierbei das A und O. Löse alle Anspannung aus deinem Körper, neige dich leicht nach vorne und lass deine Schultern frontal zum Ziel zeigen. Noch einmal tief durchatmen und werfen. Vor dem eigentlichen Wurf solltest du das Hufeisen kurz schwingen und mit deinem linken Fuß einen Schritt nach vorne gehen. Versuche, beim Hufeisenwerfen deinen Arm stets gerade zu halten und dein Handgelenk außen vor zu lassen. Lasse das Hufeisen einfach los und verfolge mit den Augen den Wurf.

Es ist noch kein Hufeisenwerfer vom Himmel gefallen

Dein erster Wurf ist natürlich noch nicht perfekt und weiter vom Ziel entfernt als erwünscht. Mit der Zeit wirst du aber immer besser. Du musst nur zuerst den Wurf selbst beherrschen. Wenn dies geschehen ist, kannst du weiter an deiner Technik feilen und deine Wurftechnik optimieren.

109. Wie du dir ein Sixpack zulegen kannst

Du möchtest mit deinem Adoniskörper bei der Damenwelt Eindruck schinden? Dafür benötigst du ein ordentliches Sixpack. Nein, die Bierflaschen aus dem Discounter sind damit nicht gemeint. Was du brauchst, ist ein durchtrainierter Waschbrettbauch. Den bekommst du allerdings nicht geschenkt. Dafür musst du etwas tun. Im Folgenden geben wir dir ein paar Tipps für ein tolles Sixpack.

- Gesund und ausgewogen essen

- Kalorien reduzieren

- Mehr Proteine zu dir nehmen

- Übungen zur Fettverbrennung machen

- Abwechslungsreiches Training

- Trainingsübungen in alle Richtungen ausführen

- Mehrmals wöchentlich Bauch-Workouts

- 3-mal 10 Einheiten pro Übung durchführen

- Crunches, Mountain Climbers und Leg Raises durchführen

- Mit Ehrgeiz und Disziplin am Ball bleiben

- Trainingsplan ausarbeiten

110. Wie du dich auf einen Marathon vorbereitest

Manchmal muss ein Mann auch über sich hinauswachsen und zu ganz neuen (sportlichen) Ufern aufbrechen. Ein Marathon ist genau die richtige Gelegenheit dafür. Aber ein Marathon verlangt einem auch so einiges ab. Um ihn auch wie ein Mann zu überstehen, sollte man sich gezielt darauf vorbereiten. Hierfür stehen dir verschiedene Mittel und Wege zur Verfügung. Du selbst musst wissen, wie du an diese neue Herausforderung herangehst.

- Richtiges Schuhwerk wählen

- Die eigene Kondition kennenlernen und sich in Form bringen

- Training beginnen und langsam steigern

- Die eigentliche Strecke bereits vorher ablaufen

- Viel trinken

- Auf die Ernährung und die körperliche Fitness achten

- Genug Schlaf

- Sich nicht überfordern

- Sich seine Ziele klar machen

- Ein positives Denken antrainieren

- In Etappen denken

- Realistisch sein und bleiben

- Viele Kohlenhydrate essen

- Pulskontrolle

- Organisatorisches planen

- Fuß- und Beinpflege

- Angenehmes Material wählen

- Vor dem Marathon ausruhen

- Muskeln dehnen und entspannen

- Empfindliche oder wunde Körperstellen einschmieren

- Rechtzeitig anreisen und nicht hetzen

- Spaß und Freude daran haben

111. Wie du endlich vom Zehner springst

Da steht er und thront als Schreckgespenst über dem Schwimmbecken. Die Rede ist vom guten alten 10-Meter-Turm. Dieser Koloss hat schon so manchen Mann in die Knie gezwungen. Du möchtest ihn endlich besiegen und den entscheidenden Sprung wagen. Das ist nur nicht ganz so einfach. Auf keinen Fall solltest du unmittelbar „ins kalte Wasser" springen. Bezwinge nicht sofort den Drachen. Viel effektiver ist es, sich erst einmal langsam heranzutasten. Wiederhole deine Sprünge vom Einer, Dreier oder Fünfer.

Der große Tag ist gekommen! Nimm all deinen Mut zusammen, atme noch einmal tief durch und besteige den 10-Meter-Turm. Lass dich dabei auf keinen Fall drängen. Nimm dir die Zeit, die du brauchst. Wenn du möchtest, kannst du davor ein paar Lockerungsübungen durchführen. Wichtig ist auch, dass du auf keinen Fall nach unten siehst. Dadurch schürst du nur deine Panik. Gehe ganz langsam und besonnen an die Spitze des Brettes und setze zum Sprung an! Es sollte sich dabei um einen einfachen Sprung handeln. Niemand erwartet beim ersten Versuch sofort einen Kopfsprung mit Überschlag.

112. Wie du Sit-ups machst

Du möchtest mal wieder was für deinen männlichen Waschbrettbauch tun? Da kommen die guten alten Sit-ups genau richtig. Korrekt ausgeführt können Sit-ups ein effektives Bauchmuskeltraining sein. Für wirkungsvolle Sit-ups musst dich auf den deinen Rücken legen und deine Beine schulterbreit und fest auf den Boden stellen. Deine Arme hingegen sollten hinter deinem Kopf verschränkt sein. Wenn du das nicht schaffst, kannst du sie auch vor deiner Brust kreuzen. Erzeuge nun eine Spannung in deinen Bauchmuskeln und richte deinen Oberkörper ganz langsam und konzentriert auf. Achte dabei darauf, dass du in deinem Rücken nicht in ein Hohlkreuz verfällst und keinen Schwung aufnimmst. Diese Übung solltest du zwischen 10- und 15-mal wiederholen.

113. Wie du Kniebeugen durchführst

Alternativ kannst du dich auch an Kniebeugen versuchen. Richtig ausgeführt sind sie eine wunderbare Übung für Beine und Po. Dabei musst du dich schulterbreit auf den Boden stellen und die Knie leicht nach außen drehen. Sorge für etwas Spannung im Bauch, ziehe die Schultern nach hinten und strecke deine Brust. Gehe nun ganz langsam und kontrolliert in die Knie. Auch diese Übung kannst du beliebig oft wiederholen.

114. Wie du einen platten Reifen wechselst

Dein Drahtesel ist dir lieb und teuer? Dann solltest du ihm auch viel Liebe und Beachtung schenken. Bei einem Platten solltest du deinen treuen Begleiter nicht einfach am Wegesrand stehen lassen. Auch eine Fahrradwerkstatt kann auf Dauer ganz schön ins Geld gehen. Selbst ist der Mann! Du als Gentleman solltest bei einem platten Reifen selbst Hand anlegen und diesen wechseln. Das ist auch gar nicht schwer. Wenn du die nachfolgenden Schritte beherzigst, kannst du dich bald wieder in den Sattel schwingen.

- Löse den Reifen vom Rad

- Entferne die Radmuttern vom Ventil

- Nimm den Fahrradmantel von der Felge

- Suche das Loch

- Bestreiche die Stelle um das Loch mit Spezialkleber

- Dichte das Loch mit einem Flicken ab

- Stülpe den geflickten Schlauch über den Radmantel

- Montiere den Reifen an das Rad

115. Wie du einer leeren Batterie Starthilfe gibst

Dein geliebtes Vehikel gibt keinen Mucks mehr von sich? Selbst nach mehreren Versuchen lässt sich dein Wagen nicht mehr starten? Klarer Fall: Du brauchst Starthilfe. So weit sind wir jetzt schon. Aber wie gibt man Starthilfe?

Vorbereitung ist alles!

Dein defektes Fahrzeug stellt eine Gefahr für die anderen Verkehrsteilnehmer dar. Du solltest sie über dein Unglück informieren. Platziere ein Warndreieck und kleide dich in deine Warnweste. So wird sich dir keiner nähern, und andere Autofahrer erkennen, dass du eine Panne hast und vielleicht Hilfe brauchst.

Hilfestellung

„Ich bin ein Mann, ich kann das selbst erledigen! Ich brauche keine Hilfe!" Dein männliches Ego sollte dir jetzt besser nicht in die Quere kommen. Ohne fremde Hilfe und ein fremdes Fahrzeug bekommst du deinen Wagen auch mit viel gutem Zureden nicht zum Laufen. Das Pannenauto wäre nichts ohne das Spenderauto.

Kabelsalat

Als Erstes montierst du das rote Kabel deines Wagens am Pluspol des helfenden Autos. Im Anschluss daran befestigt du das andere Kabelende an den Pluspol deiner eigenen Autobatterie. Danach widmest du dich dem schwarzen Kabel. Dieses muss an den Minuspol der Batterie des funktionierenden Autos. Das andere Ende kommt an deinen Masseanschluss. Schließe das Ende auf keinen Fall an deine Batterie an. Sonst erlebst du gleich ungewollt ein kleines Feuerwerk.

Auf ein Neues!

Probiere, ob du dein liegengebliebenes Auto starten kannst! Am besten mehrmals! Sollte dein Automobil auch nach mehreren Versuchen nicht anspringen, ist ein Fachmann gefragt. Du würdest dein Auto ansonsten nur dauerhaft beschädigen. Du hattest Glück und es ertönt das verheißungsvolle Geräusch eines laufenden Motors? Lass beide Wagen noch einmal kurz laufen und genieße das Geräusch. Sollte der Versuch nicht von Erfolg gekrönt sein, ist es ratsam, hier einmal kurz einen Profi ranzulassen.

Ende gut, alles gut!

Es läuft! Um deinen Wagen nicht weiter in Mitleidenschaft zu ziehen, solltest du Gebläse, Lüftung und Licht betätigen. So werden Spannungsspitzen umgangen und die Autoelektronik wird geschont. Um weiterfahren zu können, musst du dich erst vom Spenderauto lösen. Entferne hierfür zuerst das schwarze und dann das rote Kabel. Gebläse, Lüftung und Licht müssen nicht die ganze Zeit in Betrieb sein. Sie können jetzt wieder ausgeschaltet werden. Der Motor sollte allerdings noch etwas weiter vor sich hin schnurren. Es folgt die Probe aufs Exempel. Dein Wagen läuft wieder und du kannst deine Fahrt fortsetzen. Sei hierbei aber bitte sehr vorsichtig und achte auf Fehlermeldungen. Sollten welche auftreten, solltest du die nächstgelegene Werkstatt ansteuern. Ansonsten hat alles funktioniert und der Schreck ist behoben.

116. Wie du den Ölstand prüfst

Dein Auto lebt nicht nur vom Benzin alleine. Auch deinen Ölstand solltest du genau im Auge behalten. Wenn du dich nicht um das Öl in deinem Wagen kümmerst, kann dir ganz schnell der Motor versagen. Also, kurz gesagt: Ölstand okay – Motor okay. Deshalb solltest du in regelmäßigen Abständen deinen Ölstand kontrollieren. Dafür musst du auch kein Automechaniker sein.

Die Vorbereitung

Wenn du deinen Ölstand messen möchtest, solltest du zuvor deinen Automotor warmlaufenlassen. Das ist sehr wichtig, da sich so das Öl in der Ölwanne sammeln kann. Wenn sich ausreichend Öl angesammelt hat, kannst du den Motor wieder abstellen.

Der eigentliche Messvorgang

Deinen Ölstand kannst du mit dem bloßen Auge nicht ablesen. Hier sind spezielle Hilfsmittel gefragt. Die Rede ist von einem Ölmessstab. Dein Auto sollte eigentlich über einen verfügen. Die weitere Herangehensweise ist denkbar simpel. Wenn du deine Motorhaube öffnest, kannst du, falls vorhanden, den Ölmessstab mühelos herausziehen. Solltest du keinen Ölmessstab vorfinden, hat das nichts mit deinen Augen zu tun. Du hast vielleicht ganz einfach nur ein neues Fahrzeug. Bei diesen kannst du den Ölstand auch beim Bordcomputer erfragen. Einfacher geht es jetzt wirklich nicht.

So und nicht anders!

Wenn du hingegen deiner alten Mühle weiterhin treu geblieben bist und den Ölstab herausgezogen hast, wirst du merken, dass dieser ganz schön siffig und dreckig ist. Nicht mehr lange! Du kannst ihn, wie alle anderen Sachen auch, mit einem Tuch wieder porentief rein bekommen. Dein

Ölstab blitzt und blinkt. Sehr schön! Dann schiebe ihn erneut zurück in die Öffnung und ziehe ihn wieder raus. Dein Ölmessstab ist an der Seite mit Markierungen versehen. Genau die brauchst du jetzt. An diesen Markierungen kannst selbst du als Laie ablesen, ob sich dein Ölstand noch im Bereich des Machbaren befindet. Wenn sich der Ölfilm mittig der beiden Markierungen befindet, ist alles im grünen Bereich.

117. Wie du am Straßenrand einparkst

Du kennst das Problem. Du hast einen wichtigen Termin und kurvst ewig lang durch die Straßen, weil du keinen freien Parkplatz findest. Da plötzlich taucht sie wie aus dem Nichts auf: die erwünschte Parklücke. Einziges Manko dabei ist, dass du am Straßenrand einparken musst. Jetzt ist etwas Können und Fingerspitzengefühl gefragt. Aber du als Mann kriegst das schon hin. Erinnere dich jetzt einmal zurück an deine praktischen Fahrstunden. Wie war das noch einmal mit dem seitwärts einparken?

- Größe von Auto und Parklücke kurz im Kopf überschlagen

- Rechten Blinker betätigen

- Sich vorsichtig dem Bürgersteig nähern

- Abstand halten

- Rückwärtsgang einlegen

- Lenkrad rechts einschlagen, Kupplung leicht durchdrücken und den Wagen rückwärts rollen lassen

- Scharf links einschlagen

- Wenn nötig korrigieren

- Rückwärts einparken

118. Wie du mit einem Anhänger rückwärtsfährst

Rückwärts fahren oder rückwärts einparken ist ja schon schwer genug. Aber manchmal kommt auch hier noch eine weitere Hürde hinzu. Stell dir vor, du hast einen Anhänger an deinem Wagen und musst jetzt auch noch rückwärtsfahren. Da ist guter Rat manchmal teuer. Eine solche Situation würde selbst dem geübtesten Autofahrer die Schweißtropfen auf die Stirn treiben.

Gut geplant ist halb gewonnen!

Männer gehen ja eher unvorbereitet an eine Sache heran. Bestimmt entscheidest auch du eher spontan und aus dem Bauch heraus. Falls du allerdings ein Auto samt Anhänger rückwärts manövrieren musst, ist es von Vorteil, bereits im Vorfeld einen bestimmten Plan über das weitere Vorgehen zu haben. Als Erstes musst du den Weg bestimmen, den du zurücklegen willst. Bedenke dabei, in welche Richtung du fährst und wohin dein Anhänger fährt und ob sich auf der Strecke irgendwelche Hindernisse befinden, die du zuerst aus dem Weg räumen solltest.

Trockenübung!

Selbst dir als Mann schlottern alleine bei dem Gedanken an das Unterfangen die Knie? Dann kannst du vielleicht einfach ein paar Trockenübungen machen, um ein gewisses Gefühl für deinen Wagen und deinen Anhänger zu bekommen. Als Übungsplatz empfiehlt sich zum Beispiel ein Parkplatz.

Vier Augen sehen mehr als zwei

Selbst ist der Mann! Aber du kannst auch nicht immer alle Dinge alleine erledigen. Es ist keine Schande, um Hilfe zu bitten. Insbesondere dann, wenn du mit einem Anhänger rückwärtsfahren musst. Ein Freund von dir kann neben dem Wagen stehen und dir bei der Aufgabe helfen. So kann er beispielsweise deinen Fahrstil korrigieren und dich auf Hindernisse aufmerksam machen.

Die heiße Phase

Es hilft alles nichts. Irgendwann musst du dich dem Problem stellen. Mache es dir zuvor so angenehm und sicher wie nur irgend möglich. Stelle deinen Rückspiegel korrekt ein, mach den Schulterblick und behalte Auto sowie Anhänger stets im Auge. Bringen wir es hinter uns! Das eigentliche Rückwärtsfahren samt Anhänger beginnt. Bewege dein Lenkrad nach rechts. Wenn du alles richtig gemacht hast, dann wird sich dein Anhänger nach links drehen. Fokussiere die Parklücke und fahre daran vorbei. Als Nächstes legst du mit deinem Wagen eine Drehung hin, sodass du in einem Winkel auf der Straße stehst. Atme noch einmal tief durch und beginne jetzt mit dem eigentlichen Parkmanöver. Drehe dein Lenkrad dabei so, dass du den Anhänger gezielt in die Parklücke lenkst und auf Spur hältst. Sei dabei ganz langsam und vorsichtig. Du bist nicht auf der Flucht. Schluck bitte allen männlichen Stolz und Ehrgeiz runter. Du wirst dafür wahrscheinlich ein paar Versuche brauchen. Das macht dich nicht weniger männlich. Im Gegenteil! Lieber einmal zu viel nachsehen und korrigieren als zu wenig. Es ist niemandem gedient, wenn du an deinem Wagen, deinem Anhänger oder an einem parkenden Auto einen Schaden verursachst. Wenn du optimal in der Parklücke stehst, kannst und darfst du dir selbst einmal auf die Schulter klopfen.

119. Wie du dich nach einem Autounfall verhältst

„Ich bin ein Mann, ich kann Auto fahren!" Das nennen wir einmal eine gesunde Einstellung. Aber obwohl du auch noch so ein toller Hecht und spitzenmäßiger Autofahrer sein willst, wirst auch du über kurz oder lang einmal in einen Verkehrsunfall geraten. Ganz gleich, ob du Betroffener oder nur Zeuge bist – du musst handeln. Jetzt ist es gut zu wissen, was man nach einem Autounfall zu tun hat.

Unfallstelle sichern!

Du hast einen Unfall gebaut? Das kann jedem einmal passieren. Wichtig ist nur, dass du dich jetzt richtig verhältst. Nachdem der erste Schock überwunden ist, solltest du die Unfallstelle sichern. Aktiviere die Warnblinkanlage und stelle dein Warndreieck auf. So können die anderen Verkehrsteilnehmer erkennen, dass sich hier eine Gefahrenstelle befindet und du vielleicht sogar Hilfe brauchst.

Nach Beteiligten sehen!

Dir geht es bis auf einen Schockmoment gut? Glück gehabt! Du solltest dich vergewissern, ob der oder die anderen Beteiligten ebenfalls nur mit einem Schrecken davongekommen sind. Ist jemand verletzt, solltest du dich an deinen Erste-Hilfe-Kurs erinnern und erste Hilfe leisten. Hast du dabei von Tuten und Blasen keine Ahnung, ist es sinnvoll, einen Notarzt zu konsultieren. Dein Handy solltest du ja immer dabei haben.

Polizei rufen!

Wenn du dein Handy schon einmal in der Hand hast, kannst du auch gleich die Polizei hinzurufen. Diese muss den Unfall aufnehmen und im schlimmsten Fall die Sach- oder Personenschäden dokumentieren.

Unfall dokumentieren!

Der Unfall sollte nicht nur von der Polizei, sondern auch von dir selbst festgehalten werden. Zücke deine Handykamera und mach Fotos vom Unfallort und den Schäden. Du wirst die Fotos später als Beweis für die Versicherung brauchen. So langsam, aber sicher wirst du wieder etwas klarer im Kopf und kannst die ganze Situation aus einem nüchternen Blickwinkel betrachten. Genau das wirst du jetzt brauchen. Neben den Fotos benötigst du auch noch einen schriftlichen Unfallbericht. Darin stehen alle für dich und die Versicherung wichtigen Details bezüglich Ort, Zeit, Unfallhergang und entstandener Schäden.

Unfallstelle räumen!

Polizei und Notarzt sind bereits verschwunden und auch du möchtest dich wieder auf die Socken machen. Allerdings kannst du nicht so einfach abdampfen. Du musst zuerst die Unfallstelle räumen, die entstandenen Scherben zusammenkehren und das Warndreieck einpacken.

Versicherung benachrichtigen!

Deine Versicherung wird sich brennend für den Unfall interessieren. Jedes kleinste Detail ist dabei wichtig. Da auch du Geld sehen möchtest, solltest du dich schnellstmöglich mit deiner Versicherung in Verbindung setzen und den Schaden melden. Das Ganze sollte binnen 7 Tagen geschehen.

120. Wie du dich während einer Polizeikontrolle verhältst

Die Polizei, dein Freund und Helfer. Meistens jedenfalls. Eine Polizeikontrolle wird allerdings weniger gerne gesehen. Meistens gibt es gar keinen speziellen Grund, warum die Polizei gerade dich herauspickt. Jetzt bloß nicht die Nerven verlieren und immer schön freundlich bleiben. Aber wie überstehst du unbeschadet eine Polizeikontrolle?

Was tun bei einer Verkehrskontrolle?

Die Polizei winkt dich aus dem Verkehr und verlangt eine Verkehrskontrolle? Dann solltest du genau das tun. Wenn du einfach weiterfährst, kann das ganz schön teuer werden. Das ist die 70 Euro und den einen Punkt in Flensburg nicht wert. Drossle dein Tempo, setze den Blinker und fahre rechts ran. Jetzt nicht die Nerven verlieren. Wenn du ganz ruhig und besonnen bleibst, kann dir auch nichts passieren.

Papiere und Fahrzeugschein, bitte!

Als Erstes wirst du von den Polizisten nach deinen Papieren gefragt. Führerschein und Fahrzeugschein solltest du immer mit dir führen. Als Nächstes wollen die Polizisten gerne ein bisschen mit dir plaudern. Sie werden dir einige Fragen stellen, die du allerdings nicht beantworten musst. Wenn du allerdings nichts zu verbergen hast, kannst du den Polizisten auch gerne Rede und Antwort stehen.

Alkohol- und Drogentest

Unter Umständen wird noch vor Ort ein Alkohol- und Drogen-Schnelltest gemacht. Auch diesem musst du nicht zustimmen. Wenn du allerdings eine reine Weste hast und kein Bußgeld riskieren möchtest, solltest du der Aufforderung der Polizisten lieber Folge leisten.

Das war's dann auch schon

Wenn du während der Kontrolle freundlich, nett und zuvorkommend geblieben bist, kannst du auch ganz schnell weiterfahren. Im schlimmsten Fall flattert dir ein Bußgeldbescheid ins Haus.

121. Wie du Traktor fährst

Du als knallharter Naturbursche vom Land kannst natürlich auch Traktor fahren. Wenn nicht, solltest du das genau jetzt lernen. Mit einem Traktor bist du beim nächsten Scheunenfest ganz klar der King. Die Damen werden dir zu Füßen liegen. Safety first! Bevor du auf deinem Traktor waghalsig über den Acker donnerst, solltest du deinen fahrbaren Untersatz erst einmal genau inspizieren. Deine Fahrt könnte ansonsten ein unschönes Ende nehmen. Achte dabei bitte genau auf mögliche lose Schrauben, den Druck deiner Reifen, die Kühlung und die Batterie. Schlüpfe in bequemes, rutschfestes Schuhwerk und verzichte auf unnötiges Geschmeide. Alles im Lot? Sehr schön! Dann besteige bitte jetzt den Bock, setze dich auf den Fahrersitz, schnalle dich an und sorge für eine bequeme Sitzhaltung. Als Nächstes ist etwas Beinarbeit gefragt. Betätige bitte mit deinem linken Fuß die Kupplung und drehe den Schlüssel um. Mit etwas Glück sollte der Motor jetzt starten. Gib jetzt mit dem Handgashebel ein klein wenig Gas. Aber Vorsicht! Du solltest es dabei nicht übertreiben.

Und los geht die wilde Fahrt. Hierfür solltest du die Parkbremse deines Traktors lösen, die Kupplung leicht durchdrücken und in den ersten Gang schalten. Lasse die Kupplung ganz langsam und vorsichtig kommen und nimm deinen Fuß sorgfältig von der Bremse. Du fährst! Sehr schön, das solltest du auch. Wundere dich bitte nicht, dass du nicht so schnell von der Stelle kommst. Traktoren sind keine Rennwagen. Sie tuckern ganz langsam und gemütlich durch die Lande.

122. Wie du am Berg anfährst

Unglücklicherweise sind unsere Fahrtstrecken nicht immer eben. Du als Autofahrer kommst nicht darum herum, hin und wieder auch einmal am Berg anzufahren. Jetzt heißt es, tief durchatmen und an die Fahrschulzeit erinnern. Beim Anfahren am Berg musst du zuerst deinen rechten Fuß auf die Bremse und deinen linken auf die Kupplung setzen. Im Anschluss daran betätigst du den Motor und schaltest in den ersten Gang. Lass nun die Kupplung ganz langsam kommen und wechsle mit dem rechten Fuß aufs Gas.

123. Wie du ein Geschenk einpackst

Du bist auf eine Geburtstagsparty eingeladen und möchtest dem Geburtstagskind eine kleine Aufmerksamkeit mitbringen? Dann solltest du dir auch die Mühe machen, das Geschenk eigenhändig zu verpacken. Dadurch zeigst du, dass die Person dir etwas bedeutet. Um ein Geschenk zu verpacken, musst du kein Künstler sein. Du benötigst, neben dem Geschenk selbst, dafür lediglich Geschenkpapier, Geschenkband, Klebeband sowie eine Schere.

Du kennst das bestimmt von anderen Aktivitäten. Bevor es ans eigentliche Schaffen geht, solltest du erst einmal aufräumen. Befreie deine Arbeitsfläche von Tassen, Tellern oder unnötigem Gerümpel. So hast du Platz zum Arbeiten. Als Nächstes solltest du die Größe deines Geschenks noch einmal betrachten und überlegen, ob du auch noch ausreichend Geschenkpapier hast. Ein überdimensionaler Kaffeevollautomat wird wohl kaum in einen letzten Rest Papier passen. Ist noch genügend Papier da, solltest du dieses auf deiner Arbeitsfläche ausrollen. Achte bitte darauf, dass diese auch sauber und frei von Unebenheiten ist.

Lege jetzt dein Mitbringsel mitten auf das Geschenkpapier und schneide dieses in eine entsprechende Größe. Achte hierbei bitte darauf, dass du an den Seiten auch genügend Platz zum Verpacken lässt. Du wirst ansonsten eine böse Überraschung erleben. Das Geschenk selbst sollte dabei ungefähr in der Mitte liegen. Dann sieht das Ganze am Ende besser aus und macht einen ordentlicheren Eindruck. Jetzt wird es heikel. Der eigentliche Einpackprozess beginnt. Falte zuerst einmal die Kante, um zu überprüfen, ob dir diese so gefällt. Es wird ernst. Klappe jetzt die untere Kante des Geschenkpapiers über das Geschenk und ziehe es straff. So vermeidest du Beulen und sparst Papier. Klappe jetzt die andere Seite darüber und fixiere alles mit ein paar Streifen Klebeband oder Tesafilm.

Wenden bitte! Drehe jetzt das Päckchen um und wiederhole das lustige Spiel mit den anderen Seiten. Bei diesen Kanten ist es allerdings von Vorteil, wenn du das Papier zuerst zu Dreiecken faltest, straffst und dann erst umklappst. So sieht das einfach besser aus. Die Ecken des Papiers werden jetzt hier ebenfalls mit Tesafilm fixiert. So kann das Geschenk nicht auseinanderfallen. Dein Geschenk sieht so schon ganz gut aus, aber es fehlt noch etwas. Ein hübsches Geschenkband ist das Tüpfelchen auf dem i. Wähle ein hübsches Band aus, schneide ein entsprechendes Stück ab und platziere die Mitte des Bandes auf der Mitte des Geschenks.

Drehe dein Päckchen samt Geschenkband um. Damit das Band nicht verrutscht, solltest du es dabei gut festhalten. Im nächsten Schritt wechselst du die Seiten und ziehst das Band über die andere Seite wieder zurück zum Ausgangspunkt. Auch hierbei achtest du bitte darauf, dass das Band schön straff anliegt. Nachdem du das Paket erneut gewendet hast, sollten sich die Bänder wieder in der Mitte begegnen. Mach jetzt eine hübsche Schleife und ziehe diese fest. Voilà! Dein Geschenk ist jetzt fertig und kann überreicht werden.

124. Wie du eine Zigarette entzündest

Die Kippe danach! Unzählige Männer ziehen hin und wieder am Glimmstängel. Das ist zwar nicht gesund, wird aber dennoch gemacht. Du bist noch Neuling auf dem Gebiet und möchtest dir eine Zigarette anzünden? Das ist nicht schwer. Du musst lediglich die Zigarette zwischen die Lippen stecken, sie zwischen Mittel- und Zeigefinger halten und ein Feuerzeug anmachen. Während du die Flamme des Feuerzeuges an die Zigarettenspitze hältst, ziehst du kräftig an dem Nikotinstängel. Alternativ kannst du deine Zigarette auch mit einem Streichholz anzünden. Das wirkt sehr viel edler und stilvoller.

125. Wie du eine Zigarre paffst

Eine Zigarre ist mehr als nur ein stiller und verzweifelter Ruf nach Nikotin. Dafür ist dieser Inbegriff der Männlichkeit viel zu teuer und zu stilvoll. Der Genuss einer guten Zigarre braucht Zeit und das richtige Ambiente. Er erinnert nahezu an ein Ritual. Bevor du an deinem edlen Glimmstängel ziehst, muss dieser, im Gegensatz zu einer klassischen Zigarette, angeschnitten und angezündet werden. Dies geschieht zwischen Daumen und Zeigefinger. Für mehr Stil kannst du die Zigarre mit einem Holzspan entzünden. Jetzt kommt der kleine, aber feine Unterschied. Eine Zigarre wird nicht auf Lunge geraucht und inhaliert, sie wird gepafft. Nimm galant deine Zigarre in deine Mundhöhle, ziehe daran, schmecke den Rauch und lasse ihn dann langsam wieder aus deinem Mund wandern. Bei einer Zigarre ist dem Rauch große Beachtung zu schenken. Je teurer das Exemplar, desto hochwertiger, aromatischer und geschmackvoller der Rauch.

126. Wie du ohne Flaschenöffner eine Bierflasche öffnest

Endlich Feierabend! Du hast heute ordentlich was geleistet und freust dich auf dein wohlverdientes kühles Blondes. Blöd nur, wenn zu der Bierflasche ein Flaschenöffner fehlt. Die Erfrischung muss jetzt wohl ausfallen):

Muss sie nicht!

Der Zwei-Flaschen-Trick

Es gibt zahlreiche Mittel und Wege, wie du auch ohne Flaschenöffner an dein Bier kommst. Auf einem Bein kann man nicht stehen. Nicht selten hast du dir bereits eine zweite Bierflasche bereitgestellt. Die wirst du jetzt brauchen. Du kannst deine Bierflasche ganz einfach an einer anderen öffnen. Hierfür musst du lediglich die gewünschte Flasche am Kopf und die andere am Bauch festhalten. Der umfunktionierte Flaschenöffner kommt jetzt unter die Kante der Bierflasche. Jetzt ist es gut, wenn du in der Schule bei der Hebelwirkung aufgepasst hast. Die wirst du jetzt brauchen. Drücke jetzt mit Schwung den Deckel von der Flasche und freue dich über dein Getränk. Für die zweite Flasche musst du dir allerdings eine alternative Lösung einfallen lassen.

Auch ein Feuerzeug kann Abhilfe schaffen

Du bist Raucher und möchtest dein Bier noch mit einer Kippe krönen. Perfekt! Dann hast du bestimmt auch ein Feuerzeug in greifbarer Nähe. Dieses kann, mit der richtigen Technik, auch ein wunderbarer Flaschenöffner sein. Nimm deine Bierflasche am Hals in die Hand und sorge dafür, dass du dein Feuerzeug auf dem Zeigefinger ablegen kannst. Nimm dein Feuerzeug in die andere Hand und sorge dafür, dass die untere Kante des Feuerzeuges am Deckel der Flasche liegt. Mit etwas Schwung nach oben kannst du Kippe und Bier genießen.

Unser Schlüssel ist ein Allrounder

Dein Schlüssel kann nicht nur Türen, sondern auch Bierflaschen öffnen. Grobe Gewalt und Hektik sind hier allerdings fehl am Platz. Der Deckel wird sich nicht mit etwas Schwung lösen lassen. Hier ist Fingerspitzengefühl gefragt. Mit der Spitze deines Schlüssels kannst du die einzelnen Zacken des Deckels so lange nach oben biegen, bis sich dieser lösen lässt. Hast du deinen Schlüssel gerade nicht zur Hand, kannst du auch eine Gabel verwenden. Die Herangehensweise ist identisch.

127. Wie du ganz cool Spinnen aus der Wohnung entfernst

Ihhh ... Hilfe! Eine Spinne!! Beim Anblick einer Spinne wirst selbst du als gestandener Mann zur weinerlichen Memme. Dafür musst du dich jetzt nicht schämen. Diese lästigen Krabbeltierchen hat niemand gerne in seiner Wohnung. Jetzt ist das Tier aber da und sollte schnellstmöglich wieder verschwinden. Aber Vorsicht! Du musst in deinem Sauberkeitswahn nicht sofort zu Staubsauger oder IKEA-Katalog greifen und das Tierchen vernichten. Auch Spinnen haben Gefühle und möchten leben. Sei ein Tierfreund und lass deinen neuen Mitbewohner leben. Greife zu einem Glas und stülpe es über die Spinne. Als Nächstes nimmst du einen Karton oder einen Bierdeckel und schiebst Glas samt Spinne auf die Oberfläche. Jetzt kannst du den Störenfried bequem nach draußen bringen und musst ihn dafür nicht einmal anfassen.

128. Wie du einen Papierflieger bastelst

Aus gewöhnlichen DIN-A4-Blättern kann man vieles basteln – einen Papierflieger zum Beispiel. Die Anleitung für diesen Klassiker unter den Bastelarbeiten wird seit Generationen von den Papas an die stolzen jungen Copiloten weitergegeben. Es ist ja auch kinderleicht. Einen Papierflieger schafft nun wirklich jeder. Hierfür musst du lediglich ein Blatt Papier vor dich längs auf den Tisch legen und in der Mitte falten. Diese Mitte wird jetzt gebraucht. An einem der kurzen Enden werden die beiden Ecken in der Mitte gefaltet. Du solltest jetzt eine Spitze sehen. Dein fliegendes Objekt hat jetzt zwei neue Außenkanten. Diese werden nun zum Mittelfalz hin gefaltet. Dein Flugzeug nimmt so langsam Form an und ist auch als solches zu erkennen. An dem soeben erwähnten Mittelfalz wird es erneut gefaltet.

Kein Flugzeug ohne Flügel. Diese dürfen auch bei deinem Papierflieger nicht fehlen. Hierfür faltest du lediglich die beiden Seiten ganz weit nach unten. Damit dein Flieger auch adlergleich durch die Luft segelt, sollte man die Flügelkanten ein wenig nach oben knicken. Wenn du jetzt die Flügel ausklappst und die Kanten etwas nachkorrigierst, kann dein Flugzeug auch gleich seine erste Flugstunde nehmen.

129. Wie du auf den Fingern pfeifst

Pfeifen kann heutzutage nahezu jeder. Aber auf den Fingern pfeifen – das können nur echte Kerle. Du möchtest dich in den Kreis dieser Pfeifen einreihen? Mit ein paar kleinen Tricks und Kniffen ist das jetzt mühelos möglich.

- Hände so vor dich halten, dass die Innenflächen zu dir zeigen.

- Aus Zeige- und Mittelfinger ein A machen.

- Alle anderen Finger zusammenrollen.

- Lippen nach innen saugen.

- Zungenspitze vorsichtig nach unten pressen. Es sollte dabei eine Kurve entstehen.

- Mittel- und Zeigefinger zu einem Viertel in den Mund schieben.

- Ein- und ausatmen. Dabei sollte Luft über deine Unterlippe nach draußen kommen. An deine Oberlippe darf dabei keine Luft gelangen.

- Luft schnell auspusten und dabei wie gewohnt pfeifen.

130. Wie du eine Wasserader findest

Du musst keine Goldader auf deinem Grundstück finden – eine Wasserader tut es auch. Hierfür benötigst du keine Wünschelrute, sondern einen guten alten Spaten und ein paar gute Augen. Wenn in deiner Nachbarschaft bereits Teiche oder Brunnen vorhanden sind, ist die Tendenz sehr hoch, dass sich auch auf deinem Haus und Hof eine Wasserader befindet. Ein Anruf bei den Stadtwerken, der Stadtverwaltung oder der städtischen Wasserbehörde kann dich ebenfalls weiterbringen. Diese führen dann auch Probebohrungen in deinem Garten durch und sagen dir, ob sich dieser für einen Brunnen oder einen Teich eignet.

131. Wie du dich am Himmel orientieren kannst

Du hast mal wieder etwas zu lange mit deinen Kumpels gezecht und es ist stockfinstere Nacht. Bus und Bahn sind natürlich schon weg und du willst einfach nur ganz schnell nach Hause. Deine Freundin oder Ehefrau solltest du in diesem Fall besser nicht bitten, dich abzuholen. Da muss eine andere Lösung her. Hilfe für deine Orientierungslosigkeit befindet sich direkt über dir. Die Rede ist vom Himmel und von den Sternen. Wenn du sie richtig deuten und lesen kannst, geleiten sie dich sicher und wohlbehalten nach Hause. Seit Jahrhunderten haben sich Menschen an den Sternen orientiert. Warum solltest du es dann nicht auch tun? Du musst hierfür nur vereinzelte Faktoren berücksichtigen. Die Rede ist hierbei von der Jahreszeit sowie von der Himmelsrichtung. Dann wirst auch du zum geübten „Sternenwanderer".

132. Wie du einen Tannenbaum an Weihnachten fällst

Oh du fröhliche! Weihnachten steht vor der Tür und jeder hat seine ganz speziellen Aufgaben. Während deine Frau oder Freundin bäckt und dekoriert, musst du den Tannenbaum für das Fest selber schlagen. Du bist ja schließlich ein echter Mann. Also rein mit dir in den Wald und ran ans Werk. So einfach ist das nur leider nicht. In deutschen Wäldern darfst du nicht so einfach mit deinem Beil anrücken und Bäume fällen. Tannenbäume schon gar nicht. Du musst dir zuerst eine Genehmigung dafür einholen oder einen Wald aufsuchen, in dem das Fällen von Weihnachtsbäumen erlaubt ist. Wenn alle Vorkehrungen getroffen sind, kannst du mit Axt oder Kettensäge zeigen, was für ein Mann wirklich in dir steckt. Du hast den geeigneten Baum für dich gefunden? Dann solltest du jetzt die Umgebung sichern, die Fallrichtung bestimmen, dich sicher auf den Boden stellen und dein Werkzeug in den Baum hauen. Aber Vorsicht! Das Fällen von Bäumen ist sehr gefährlich und kann zu Verletzungen führen. Halte Axt oder Säge stets schön waagerecht und durchtrenne den Stamm, bis der Baum fällt.

133. Wie du einen Weihnachtsbaum aufstellst

Der Weihnachtsbaum ist gekauft. Vor dem eigentlichen Weihnachtsfest solltest du ihn an einer kühlen und trockenen Stelle lagern. Am Weihnachtsmorgen (oder am Abend zuvor) stellst du den Christbaumständer ins Wohnzimmer, steckst den Baum hinein und entfernst das Netz. So haben die einzelnen Zweige noch etwas Entfaltungsspielraum. Der Ort selbst ist dabei eigentlich egal. Der Weihnachtsbaum sollte nur ausreichend Platz haben und gut zu sehen sein. Achte bitte auch darauf, dass der Baum in der Nähe einer Steckdose steht, weit entfernt vom Heizkörper ist und keine Türen versperrt. Jetzt geht es ans eigentliche Schmücken. Hierbei sind deiner Kreativität keine Grenzen gesetzt. Im Regelfall beginnt man mit einer Beleuchtung, welche rund um den Baum gelegt und an die Steckdose angeschlossen wird. Im Anschluss daran kannst du deinen Baum mit Kugeln, Lametta oder anderen Formen und Figuren behängen. Damit dein Weihnachtsbaum auch über die Tage hinweg frisch bleibt, solltest du ihn regelmäßig gießen und die Nadeln entfernen.

134. Wie du eine Schlägerei überstehst

Das Scheunenfest war ein voller Erfolg. Allerdings hast du beim Kampf um das Herz der Dame einen Widersacher. Und der kommt genau jetzt auf dich zu. Das riecht geradezu nach Ärger und Schlägerei. Na ja, hin und wieder ein blaues Auge hat noch niemandem geschadet. Du solltest nur dafür sorgen, dass es dabei auch bleibt. Im Krieg und in der Liebe ist ja bekanntlich alles erlaubt. Aber was bringst es deiner Angebeteten, wenn du völlig lädiert aus einer Schlägerei herausgehst. Wenn du folgende Ratschläge beachtest, wirst du aus der Schlägerei wie ein Mann hervorgehen.

- Versuche es zuerst mit Worten

- Entschuldige dich notfalls sogar

- Tritt stets selbstsicher und selbstbewusst auf

- Erhebe deine Arme zur Deckung; der starke Arm sollte dabei immer etwas seitlich angewinkelt sein.

- Mit dem Schlag mitbewegen

- Gegner irritieren

- Schnelle, gezielte Schläge ausführen

- Versuche, nicht hinzufallen

135. Wie du ein Baby wickelst

Was riecht denn da schon wieder so streng, dass es einem die Tränen in die Augen treibt? Die Frucht deiner Lenden hat einmal wieder die Hosen voll. „Baby wickeln ist doch Frauenarbeit!" Vorsicht, mein Freund, ganz dünnes Eis. Als Papa und Mann im Haus musst du auch einmal zupacken und die Drecksarbeit selbst machen können. Ein Baby wickeln ist jetzt nicht sooo schwer. Da musst du dich also nicht so anstellen. Parke einfach deinen Stammhalter oder deine Prinzessin auf dem Wickeltisch und lege dir Windeln sowie Feuchttücher bereit. Ziehe dein Kind aus, entschärfe die Stinkbombe und säubere es ausgiebig an den entsprechenden Bereichen. Der Po ist hier besonders wichtig. Schnappe dir schnell eine neue Windel, breite diese aus und setze deinen kleinen Scheißer in die Windel. Sorge dafür, dass die Windel richtig sitzt und verschließe sie dann mit den Klebestreifen. Das sollte bis zum nächsten Großeinsatz halten.

136. Wie du Skat spielst

Echte Gentlemen zocken nicht, echte Männer spielen Skat. Am besten in abgedunkelten und verrauchten Kneipen. Die Karten selbst dürften dir ja von Mau-Mau und Co. bekannt sein. Ein jeder Spieler erhält zehn Karten und es wird in zwei Parteien gespielt. Man spricht hierbei vom Alleinspieler und den Gegenspielern. Der Alleinspieler wird durch „Reizen" bestimmt. Sinn und Zweck des Skat ist es, so viele Stiche wie nur möglich zu machen und das Spiel für dich zu entscheiden.

137. Wie du einen Seemannsknoten knotest

Schiff ahoi! Manchmal muss ein Mann eben Mann sein und zur See fahren. Für solche Momente der Freiheit und Abgeschiedenheit solltest du einen Seemannsknoten können. Der sorgt dafür, dass du als Seebär auch wieder sicheren Boden unter den Füßen erhältst. DEN Seemannsknoten gibt es nicht. Im Gegenteil! Es existieren ungefähr zehn verschiedene, von denen ein jeder anders geknotet wird. Als Beispiel für einen Seemannsknoten dient uns hier der Achtknoten. Dieser ist sehr wichtig. Er verhindert, dass dir dein Seil während eines Turns „abhandenkommt". Wenn du einen Achtknoten knoten möchtest, musst du die Bucht zweimal verdrehen und das Ende durch die doppelte Bucht stecken. Jetzt merkst du, warum der Knoten Achtknoten heißt. Er sieht wirklich aus wie eine 8.

138. Wie du einen Rauchring pusten kannst

Ein Mann ist und bleibt eben doch nur ein Mann und darf hin und wieder auch etwas ganz Männliches tun. Ein Rauchring gehört da auf jeden Fall dazu. Das kann nicht jeder. Mit etwas Übung kannst du damit richtig Eindruck schinden. Die große Kunst beim Rauchring besteht darin, dass du den Rauch nicht nur im Mund, sondern auch im Rachen behältst. Nachdem du jeden Hustenreflex erfolgreich bekämpft hast, solltest du deine Zunge nach hinten ziehen. Halte deinen Mund dabei immer geschlossen. Es ist wichtig, dass sich der Rauch von deiner Zunge wegbewegt. Bis jetzt war das ja ganz einfach. Jetzt musst du aber abliefern! Puste kleine Rauchmengen aus deinem Mund und sorge dafür, dass deine Zunge stets in der richtigen Position verweilt.

139. Wie du deine Konfektionsgröße ermittelst

Du als Mann von Welt musst natürlich auch immer akkurat gekleidet sein. Die richtige Konfektionsgröße ist dabei ein Muss. Nichts wirkt abturnender als schlecht sitzende Kleidung. Aber wie ermittelst du deine Konfektionsgröße? Das ist ganz einfach. Du benötigst dafür lediglich einen Spiegel und ein Metermaß. Positioniere dich vor dem Spiegel und miss die entsprechenden Stellen mit dem Metermaß ab. Du solltest es dabei stets leicht anlegen und nicht in dein eigenes Fleisch schneiden. Stelle dich ganz relaxt hin, achte auf eine angenehm anliegende Ausgangskleidung und walte deines Amtes. Miss ganz entspannt deine Körperhöhe, deinen Brustumfang, deinen Taillenumfang oder deine Halsweite. Wenn du möchtest, kannst du dir dabei gerne Beistand suchen. Die entsprechenden Messwerte kannst du dann ganz einfach und bequem auf eine Größentabelle übertragen und umrechnen. Größentabellen jedweder Art werden dir auf verschiedenen einschlägigen Internetseiten kostenlos zur Verfügung gestellt.

140. Wie du etwas aus Holz schnitzen kannst

Do it yourself! Bastelarbeiten aus Holz sind immer wunderschön anzusehen. Insbesondere selbst geschnitzte Dekorationen oder Spielzeug ziehen alle Blicke auf sich. Du möchtest dich selbst einmal als Schnitzer versuchen? Worauf wartest du dann noch? Du brauchst hierfür lediglich Holz, ein Schnitzeisen, ein Schnitzmesser, ein Hohleisen, ein Klopfholz und etwas Fantasie. Für den Anfang reichen allerdings auch ein Klapp- oder Taschenmesser und etwas weiches Holz. Beim Schnitzen kannst du deiner Kreativität freien Lauf lassen. Es ist wichtig, dass du zuerst ein Gespür für dein Werkzeug entwickelst. Das mag zu Beginn noch etwas schwierig sein, aber Übung macht ja bekanntlich den Meister. Beim Schnitzen schneidest du immer in Richtung der Maserung. Die richtige Technik sowie den korrekten Kraftaufwand wirst du dir mit der Zeit schon selbst aneignen. Versuche es zu Beginn mit einfachen Formen oder Figuren, halte dein Werkzeug stets fest in der Hand und schneide von deinem Körper weg. So kannst du unschöne Unfälle vermeiden.

141. Wie du einen Drucker anschließt

Ganz gleich, ob im Büro oder in den eigenen vier Wänden. Der neue Drucker ist da und muss natürlich sofort angeschlossen werden. Das ist echte Männerarbeit. Fakt ist: Es gibt unterschiedliche Drucker und somit auch verschiedene Anschlussmöglichkeiten. Die wohl simpelste, aber auch gängigste Methode ist die Verbindung mit einem Kabel. Dafür musst du kein Genie sein. Du musst lediglich die richtigen Kabel mit dem Stromkreislauf, dem Drucker und dem PC verbinden. Jetzt musst du das Gerät nur noch einschalten und kannst sofort loslegen. Die Installation erfolgt bei den neuesten Geräten im Regelfall automatisch. Sollte dies nicht der Fall sein, musst du diese manuell vornehmen. Das geschieht normalerweise über das Startmenü.

142. Wie du ein Feuer machst

Seit Anbeginn der Zeiten war es die Aufgabe des Mannes, ein Feuer zu machen. Auch heute noch ist das Entfachen des Lagerfeuers reine Männersache. Selbst du als Stadtmensch kannst in der Wildnis ganz einfach ein Feuer entfachen. Dafür benötigst du lediglich die optimale Feuerstelle, Streichhölzer sowie etwas trockenes Holz. Damit dein Feuerchen allerdings nicht sofort im Keim erstickt wird, brauchst du etwas Brennmaterial. Hierfür eignen sich Rinde oder Holzspäne, welche du zuvor im Wald gesammelt oder vorbereitet hast. Es werde Licht! Das Anzünden des Feuers ist eine Wissenschaft für sich! Aber wir sind keine Höhlenmenschen mehr. Für das Entfachen deines Outdoor-Feuers darfst du auch gerne auf Streichhölzer zurückgreifen. Alternativ kannst du dir in jedem Survival-Laden entsprechende „Anzünder" kaufen. Je kleiner das Material, desto besser brennt es! Es ist von daher sinnvoll, mit feineren Brennmaterialien zu beginnen und sich dann ganz langsam, aber sicher hochzuarbeiten. Da dein Feuerchen ja nicht ewig weiterlodern kann, solltest du es am Ende auch wieder löschen und deine Feuerstelle aufräumen. Mit Sand oder Wasser kannst du dein Feuer wunderbar auslöschen.

143. Wie du eine Regenrinne reinigst

Am Haus gibt es viel zu tun. Ständig fallen Arbeiten an. Das Reinigen der Regenrinne gehört auf jeden Fall dazu. Insbesondere in den Herbstmonaten sammelt sich dort sehr viel Dreck und Laub. Damit das Regenwasser auch weiter abfließen kann, solltest du deine Regenrinne regelmäßig reinigen. Dafür musst du auch nicht viel Aufwand betreiben. Du benötigst nur eine stabile Leiter und einen guten Handbesen. Mit diesem befreist du jetzt Dreck, Laub und allerlei anderweitige Verunreinigungen aus der Regenrinne. Achte bei deiner Arbeit darauf, dass nichts ins Fallrohr gerät. Das könnte zu weiteren Verstopfungen führen. Am Ende deiner Arbeit kannst du die Regenrinne mit einem Schlauch absprühen.

144. Wie du einen Drachen steigen lässt

Herbstzeit ist Drachenzeit. Unter Garantie hast du noch einen Lenkdrachen, den du gerne steigen lassen möchtest. Für dieses wertvolle Stück Kindheitserinnerung benötigst du lediglich eine freie Fläche sowie eine Windstärke zwischen 3 und 6. Jetzt musst du nur die Windrichtung bestimmen und dich mit dem Rücken zum Wind drehen. Lege die Leine deines Drachens vor dich auf den Boden und gehe ein paar Schritte zurück! Spanne die Leine an und sorge dafür, dass der Drachen vom Wind in die Luft gehoben wird. Je fester du an der Leine ziehst, desto höher steigt dein Drache empor. Wenn du deinen Drachen wieder auf den Boden der Tatsachen zurückbringen möchtest, musst du die Leine wieder zu dir heranziehen.

145. Wie du Holz hackst

Holz hacken ist ein echter Knochenjob. Also genau das Richtige für echte Männer. Du willst Holz für ein Feuer hacken? Dann solltest du dich mit einer Axt bewaffnen und dich sicher vor dem Baumstamm auf dem sogenannten Hackklotz aufbauen. Jetzt geht es ans Spalten. Gespaltet wird im Regelfall von oben nach unten. Stelle dich breitbeinig hin und greife deine Axt am unteren Ende mit beiden Händen. Hole jetzt zum Schwung aus, ziehe die Axt ein wenig über deinen Kopf und lass sie auf den Baumstamm krachen. Wiederhole den Vorgang so lange, bis der Baumstamm gespalten ist.

146. Wie du einen Schluckauf loswirst

Ein Schluckauf kann eine sehr nervige Angelegenheit sein. Das ewige „Hicks" lässt dich sehr lächerlich und unmännlich wirken. Du hast Glück. Ein Schluckauf verschwindet im Normalfall so schnell, wie er gekommen ist. Mit ein paar kleinen, aber feinen Hausmittelchen sagst du dem Schluckauf ganz schnell den Kampf an. Insbesondere eine Zitronenscheibe oder ein Löffel Mandelbutter können bei Schluckauf wahre Wunder bewirken.

147. Wie du ein ordentliches Selfie machst

Selfies sind aktuell DER Trend. Die ganze Welt lächelt dümmlich grinsend in die Kamera. Aber auch das Schießen von Selfies will gelernt sein. Die meisten Selfies sind ein Fall für die Tonne. Damit du dein Selfie nicht sofort wieder löschen musst, hast du verschiedene Tricks und Kniffe zu beachten.

- Rasiere dich und bürste dein Haar

- Achte auf optimale Lichtverhältnisse

- Wähle einen neutralen (weißen) Hintergrund

- Halte die Kamera mit einem ausgestreckten Arm vor dich

- Übe verschiedene Posen vor der Kamera

- Probiere verschiedene Winkel aus

- Betätige so häufig wie möglich den Auslöser und mach viele Fotos

- Schaue dir die Selfies an und entscheide dich für das beste

148. Wie du einen Luftballon zuknoten kannst

Die nächste Party steht an und von dir wird einmal wieder voller Einsatz verlangt. Du hast die ehrenvolle Aufgabe, die Ballons zuzuknoten. Das ist jetzt nicht sooo schwer. Du brauchst dafür lediglich Luftballons und gute Puste. Führe den Luftballon an deine Lippen und puste ihn auf. Mach ihn aber nicht zu voll! Es muss noch etwas Platz sein. Drücke den Ballon am Hals zu und ziehe diesen etwas lang. Nimm den Hals zwischen Daumen und Zeigefinger, wickle ihn um deinen Finger und mach eine Schlaufe. Dein Ballon sollte jetzt fertig sein.

149. Wie du ein Zelt aufschlägst

In der freien, ungebundenen Natur kann der Mann noch Mann sein. Aber auch du als harter Kerl kannst nicht immer unter dem Sternenhimmel schlafen. Für entspannte Outdoor-Nächte benötigst du ein Zelt. Dieses muss natürlich fachgerecht aufgebaut werden. Wenn du dich nach der folgenden Anleitung richtest, wirst du im Nullkommanichts in ein gemütliches Zelt krabbeln können.

- Ebenen Zeltplatz suchen

- Bodenfolie auslegen

- Einzelteile des Zeltes vor dir ausbreiten

- Zelt richtig herum auf die Plane legen

- Füge die Zeltstangen richtig zusammen und schiebe sie durch die dazugehörigen Schlaufen

- Richte das Zelt auf und verankere es im Boden

150. Wie du einen Stein über das Wasser springen lässt

Kein Ausflug an den See, ohne Steine springen lassen. Bei diesem Spiel werden große Männer wieder zu kleinen Jungs. Je weiter der Stein springt, desto besser. Um alle anderen auszustechen, brauchst du den perfekten Stein. Dieser sollte flach, schmal und abgerundet sein. Den Stein wirfst du jetzt flach ins Wasser und verpasst ihm dabei einen ganz leichten Dreh. Ein wenig Schwung darf dabei nicht fehlen. Es ist wichtig, dass der Stein mit dem hinteren Ende zuerst eintaucht. Ansonsten springt er nicht sehr oft und weit.

Nachwort

Na, alles behalten und auf Abruf parat? Herzlich willkommen im Club der Gentlemen! Nein, natürlich musst du ab jetzt nicht auf jedes der erwähnten Probleme sofort die Lösung kennen. Das schafft niemand. Nicht einmal ein wahrhafter Gentleman. Du musst lediglich wissen, wo du nachschlagen musst. Auf deinem Weg vom Grünschnabel zum Gentleman werden dir noch viele solcher Situationen begegnen. Davor ist niemand sicher. Und nahezu täglich werden es mehr. Aber nur wer in Krisensituationen einen kühlen Kopf bewahrt, sie eigenständig in Angriff nimmt und sich nicht durch Kleinigkeiten aus der Ruhe bringen lässt, darf sich wahrhaft als Gentleman bezeichnen. Wir wünschen dir mit diesem Leitfaden auf jeden Fall viel Glück. Möge er dir auf deinem Pfad zum Gentleman als treuer Wegbegleiter erscheinen und dich in deiner Entwicklung voranbringen.

1. Auflage 2022

Florian Deppermann

Konrad-Struve-Straße 8

25336 Elmshorn

floriandeppermann@outlook.com

Selfpublishing-Portal: Bookmundo

Gedruckt in Deutschland

ISBN: 9789403653716

Covergestaltung: Wolkenart - Marie-Katharina Becker

www.wolkenart.com